監修者——五味文彦／佐藤信／高埜利彦／宮地正人／吉田伸之

［カバー表写真］
リトルトーキョーの日系人モニュメント

［カバー裏写真］
国吉康雄「鶏に餌をやる少年」

［扉写真］
ブラジル移民船「若狭丸」

日本史リブレット 56

海を渡った日本人

Okabe Makio
岡部牧夫

目次

移民からみる近現代の日本社会

明治の初めから今日まで一三〇年あまりのあいだに、多くの日本人が海外に移住した。ハワイ▲やアメリカ本土、カナダ、中南米、東南アジア、オーストラリアなどに進出して、たとえば甘蔗《かんしょ》(サトウキビ)やコーヒーの農場で働き、鉄道・道路の建設にたずさわり、炭鉱・鉱山の坑道に汗をながし、農地を開墾し、森林を伐採し、漁業に従事し、大工の腕をふるった。あるものは故郷に長く送金を続け、あるものは数年で帰国した。移住先をかえたものもあれば、農業、商業、サービス業などの自営業者になったものもある。

移民が増加し、結婚して子もふえれば、移住地には日本人の社会ができ、日本人会、日本語学校、ジャーナリズム、経済団体、宗教団体などの社会組織が

▼**ハワイ**　ハワイはアメリカの影響下にあったが、一八九八年にアメリカに併合されるまではほぼ独立の王国で、日本とも国交があり、日本人が最初に移住したのも独立国時代である。そうした歴史的背景からも、その後の日本人の比率の高さからも、アメリカ本土とは別個にあつかうことにする。

つくられていった。居留民の保護は在外公館の任務のひとつであるが、日本の主権のおよばない他国で職業活動をする移民の場合、領事や総領事が完全に保護することはできない。日本人社会の存在とそのなかのさまざまな組織・制度は、政府機関にかわって移民に安心と利便をあたえ、権利をまもり、宗教や文化を維持するという機能をもっていた。

世界各地に日本社会のひな型が形成されてゆくにつれて、移住の機運はさらに高まり、決意もしやすくなる。だがそれと同時に、ホスト社会とのあいだに摩擦もおこりがちになる。移民には、摩擦をやわらげ、調停し、ときにはそれとたたかうことが必要になってくる。差別や排斥、労働争議、強制収容といった深刻な摩擦に直面したとき、日本人の諸組織とその人脈は各地で大きな役割をはたした。

日清戦争を契機に、日本は東アジアに覇をとなえはじめた。そのため台湾、朝鮮、満州▲、中国本土、樺太《からふと》▲、南洋群島▲などの勢力圏への移民が年々増加した。十五年戦争期には満州全域を植民地化し、移住者が激増した。日中戦争が始まると中国本土への移住が増大し、アジア太平洋戦争の開始後は東南アジア占領

▼**満州**　中国東北地方。遼寧《りょうねい》、吉林《きつりん》、黒竜江の三省、または熱河《ねっか》を加えた四省からなるが、遼寧省南部の租借地(関東州)、南満州鉄道、中東鉄道の各付属地など、中国の主権のおよばない地域があった。

▼**樺太**　日露戦争で日本がロシアから獲得したサハリン島南部の呼称。樺太庁が管理した。

▼**南洋群島**　第一次世界大戦後、日本が国際連盟から委任統治をみとめられた旧ドイツ領ミクロネシアの領域。西太平洋の赤道から北緯二〇度にかけて散在するマリアナ群島(米領のグアム島をのぞく)、パラオ諸島、カロリン群島、マーシャル群島からなる。

地への渡航も加わって、日本人のアジア各地への進出はいちじるしく増えた。戦争は、移民を増加させる要因であるとともに、多くの移民にとって過酷な試練ともなった。

以上のように、移民や移民活動をぬきに、近代の日本をかたることはできない。

一九四五(昭和二十)年の敗戦に続く被占領時代には、あらたな海外移民は禁じられたが、一九五二年に独立を回復すると、おもに南米への農民の移住が再開された。しかし移民の数だけをみれば、戦後の移民活動は敗戦前に遠くおよばない。一九六〇年代以降は、日本経済が高度成長期を迎えてかつてない労働力需要をよびおこし、海外移住の動機がせばまって、移住者数が激減したためである。いまでは逆に、海外から少なからぬ移民労働者を受けいれるようになっている。

日本の近代移民の研究は、近年急速にすすんでいる。だが、研究のほとんどはアメリカ移民、ブラジル移民、満州移民というぐあいに対象を地域ごとにとらえており、その枠組みのなかで、職業、世代、女性問題、民族関係、収容と補償、個人史のように、分析はさらに個別化・細分化してゆく傾向が強い。分析の方法も、歴史学のほか社会学、文化人類学、社会心理学など、多くの学問分野にひろがっている。そのため、近現代の日本史の大枠における移民の全体的な位置づけは、研究の進展のわりにはかならずしも明確になっていないうらみがある。

私はこの本で、敗戦までの日本人の移民活動の全体像を素描したいとおもう。概略であっても、日本人の移民活動の歴史像をなるべく全体的にとらえるのが本書の目標である。日本移民史の全体像を知ることは、国際関係のなかでの日本と日本人のあゆみを理解し、私たちが二十一世紀にふさわしい真の国際人になるため、不可欠な作業だと考えられるからである。

①—海を渡った日本人

移民とはなにか

ある民族や国家の成員が、就業の機会をもとめ、もとの居住地のそとに移住するのが移民である。移民という日本語は、移住する人自身を意味するとともに、移住という社会現象をもさす。移住先は、遠い外国とはかぎらない。日本では明治初期から北海道への移住がすすめられ、これも北海道移民という。本書ではこうした内国移民はのぞき、海外移民に焦点をあわせる。

一般に数年で帰国する留学や、就業であっても会社、官庁などの母国の雇用先から派遣され、雇用先のつごうでいずれ転任が予想される場合はふつう移民とはいわない。駐屯・外征軍の将兵も移民ではない。自己の職業活動を、移住先の社会そのもののなかで実現しているかどうかが、移民とそれ以外の居住者をわける目やすといえる。

移住先にくらす年月の長さもさほど重要ではない。商社の支店長の在任期間がたとえ十数年になっても移民とはよべないが、故郷に錦をかざる目的の出稼ぎなら、成功なり失敗なりしてかりに三、四年でもどっても移民といえる。日本の場合、はじめから国外に骨をうずめる気で渡航した移民は少なく、いずれ帰るつもりが結果的に永住者になった、という例が大半である。

植民政策学の先駆者のひとり矢内原《やないはら》忠雄▲は、通説のように移民と植民を区別して、移住先に自国の主権がおよぶかどうかを重視することに異をとなえ、朝鮮や満州での日本人の「移住的活動」と、ハワイでのそれとのあいだに「社会的実質上の区別」はないと主張している。しかし、日本人の移住先には以下にのべる三つの類型があり、移民の経済的・社会的位相やその緊張の性格は、類型ごとに大きく異なっている。社会科学の観点からは実質上の区別をすべきであり、本書はその認識にたっている。

ただ私は、右のような区別におうじて、移民と植民とをことば(概念)として使いわける必要があるとは思わない。「移民」はまず移住する人自身のことであり、またそれを動詞化した「移民する」は自動詞で、個々の移民の能動性を表現するが、「植民」には人の意味はなく、「植民する」は他動詞である。植民の主体は、それをすすめる国家や拓殖《たくしょく》組織であり、移住者はあくまで「植えつけられ

▼**矢内原忠雄**　一八九三〜一九六一年。経済学者、内村鑑三門下のキリスト教徒。新渡戸稲造のあと東京帝国大学で植民政策学を担当したが、自由主義思想のため一九三七年大学を追われた。戦後東京大学に復帰して五一年から六年間総長をつとめた。

●—植民地に建てられた神社　神社は移民・居留民の心の支えであると同時に、植民地統治のイデオロギー装置でもあった。ヤップ神社に礼拝する島民(南洋群島ヤップ島)。

●—樺太のタラ漁

●—大洋商行のサイパン支店(サイパン島ガラパン)

る」客体でしかない。民を殖やすという意味の「殖民」も同様である。本書では、ホスト社会との関係が多様だったことに留意したうえで、すべてを「移民」の概念でとらえることにする。

移住先の三類型

移民の移住先はさまざまであるが、大きくわけて、

（1）独立の主権国家（アメリカ、ブラジルなど）やその自治領（カナダ、オーストラリアなど）、

（2）独立の主権国家の植民地・勢力圏（ハワイ、フィリピン、マラヤ・シンガポール、東インドなど）のように、日本の主権がおよばない地域と、

（3）日本自身が植民地・勢力圏としている地域（台湾、朝鮮、関東州、満州、樺太、南洋群島など）

の三類型に大別できる。

（1）の地域は、たんに主権がおよばないだけでなく、日本より先進の欧米諸国の支配地域であり、日本人移民をおもに安価な労働力として受けいれた。移

▼**東インド**　オランダの東南アジア植民地。ほぼ現在のインドネシアの領域に相当する。

▼**関東州**　中国遼寧省南部、遼東半島の旧ロシア租借地を継承した日本の租借地。

民という現象は、非対等の経済関係のもとでおきるのがふつうで、これらの地域では、日本人は経済的・政治的に劣位に位置づけられることになる。ホスト社会の一般認識では、日本人は便利な労働力ではあるが、ふえすぎれば自分たちの職をうばう迷惑な存在であった。そのため移民はしばしば迫害と排斥の対象になった。

(3)の地域では、日本の主権が排他的(植民地の場合)または部分的(半植民地中国の場合)におよんでおり、また原住民族の生活水準が日本人より一般にひくいため、逆に日本人が優位をしめる。日本人の経営主には現地の労働力の雇用が利益となるから、これらの地域には、満州農業移民のように国が特別の政策をとらないかぎり、一般の労働者や農民が移住する余地はほとんどない。移民の中心は、中小商工業者、農・漁業経営者、海運業者、都市サービス業者といった自営業主層であり、被雇用者の場合は熟練工や特殊な技能者、事務職員、教員、官公吏などである。いずれにしろ日本人は支配し、差別する側になり、原住民とのあいだにやはり民族的・階級的な二重のへだたりと緊張が生まれる。

一方、(2)は以上の中間で、ホスト社会の成員は、宗主国《そうしゅこく》▲民を中心とする少

▼宗主国　植民地や他国にたいして支配権をふるう国家。

数の欧米人と、かれらが支配する多数の原住民にわかれているのがふつうである。日本人移民は、そこではおおまかにいって、欧米人に対しては被用者となり、原住民に対しては雇用者となる。商工業、都市サービス業などの経営者は、欧米人、原住民の双方を顧客にするか、どちらか一方に特化するかによって、ホスト社会との関係性が微妙にかわってこよう。いずれにしろ、ホスト社会には欧米人の労働者はごく少なく、競合もおきにくい。アジア人に対する一般的な差別観はあっても、日本人を強く排斥する必然性は乏しい。

移民の数

日本人移民の数を正確に知るのはむずかしい。ひとつの基準で全時期、全地域をカバーした統計がないからである。重要な史料のひとつに外務省の旅券発給記録があるが、旅券の渡航目的に記された移民は狭義の労働移民だけであり、勉学はもちろん、農業経営、商業、職人なども非移民としてあつかわれた。

明治政府ははじめ、北海道や朝鮮をのぞいて、全般的に日本人の海外移住に消極的だった。中国人の下層労働者が奴隷に近い境遇で流出している状況から、とくに単純労働移民の無制限な渡航には警戒的であった。そのため労働目的の渡航者だけを移民と定義し、それ以外の渡航者と区別して管理したのである。旅券発給統計の定義する移民だけにかぎると、それ以外の事実上の移民がぬけてしまう。むしろ、留学、商用、公用など、移民以外の渡航者も含めた合計数字のほうが、実際の移民の数に近くなる。

また旅券の統計には、旅券をうけながら渡航しなかったものも含まれており、初期にはその実数も無視できなかった。さらに、明治政府の成立以前に出国したもの、それ以後でも無旅券で出ていったもの（法律的には密航になるが、現実には相当の数に達する）も、とうぜん旅券統計にはのらない。

もうひとつの問題点は、植民地への渡航にははじめから旅券はいらず、中国についても中途から不要になったことである。そのため旅券統計からは、移民のうちかなりの割合をしめる前記の(3)の地域への移住者がすべてぬけおちてしまう。この人々の数は、植民地統治官庁や在外公館の人口調査統計などで補わなければならないことになる。

こうした難点を前提にしたうえで、敗戦前の日本人の移民数の推移をまとめたのが、「地域別渡航者数(南北アメリカ／アジア・オセアニア)」(一四、一五ページ)と「植民地・中国各地の日本人数」(一六ページ)の表である。やや煩瑣《はんさ》になるが、その性格と留意点をのべておきたい。

「地域別渡航者数」の原典は、旅券統計その他をもとに、一八六八(明治元)年から一九四一(昭和十六)年まで七四年間の地域別渡航者数を年次ごとにカバーしたものである。植民地はまったくぬけているものの、「中南米の部」、「南方方面の部」、「北米・その他の部」に大別され、合計三三地域への移住者数がだいたいわかる。ただこれはあくまで渡航者の数であり、帰還者の数をひいたものではないから、各地の年ごとの在住者数はこれとは異なる。たとえばハワイの場合、一八八一年から一九二〇(大正九)年までの渡航者は合計約二一万九〇〇〇人だが、一九二〇年のハワイ在住日本人数は約一一万人である。ほぼ半分が死亡、帰還、アメリカ本土などへ転住したとみられる。

植民地と中国各地の在住日本人数をまとめた表は、性格の異なる種々の史料によってまとめたものである。年次がとびとびで、地域ごとのばらつきもあり、なお不十分だが、ごくおおまかな傾向を知ることはできよう。台湾、香港・マカオ〈澳門〉を含む中国各地の数値は、副島圓照の労作「戦前期中国在留日本人人口統計〈稿〉」に依存し、それをほぼ五年ごとに括約《かつやく》した。原史料は一九三九年までしかなく、しかもその年は空欄が多くなるので、日中戦争初期の一九三八年までにとどめた。台湾は一九三九年の数字も信頼でき、べつの史料による一九四〇年の数字ともむりなくつながる。朝鮮、樺太、南洋群島に関しては、中国各地と年次がそろわないうらみがある。

移民の出身地

海外移民は、全国四七道府県のすべてから出ているが、その数は府県によってかなり開きがあった。移民を大量に送りだした県もあれば、あまり出していない県もある。

多いのは広島を筆頭に、山口、熊本、福岡といった中国・九州地方の県であり、沖縄県がこれに加わる。「道府県別の移民数」〈一七ページ〉は、一八九九〈明治三十二〉年から一九三七〈昭和十二〉年までの三九年間の移住者の道府県ごとの累計である。移民の統計は作成者と時期によって基準にかなりの差があって、

●―地域別渡航者数(南北アメリカ)

	アメリカ	ハワイ	カナダ	メキシコ	ペルー	チリ
初年(人数)	?	1882(5)	1891(181)	1892(39)	1899(790)	1903(126)
1868～1875	596					
1876～1880	305					
1881～1885	770	1,964				
1886～1890	2,760	14,296				
1891～1895	8,329	20,829	2,661	83		
1896～1900	17,370	52,853	6,230	38	790	
1901～1905	1,774	46,973	568	2,066	1,303	126
1906～1910	7,715	46,650	4,615	8,897	5,843	
1911～1915	20,773	17,846	5,177	145	4,776	53
1916～1920	30,756	16,655	7,196	320	7,456	90
1921～1925	14,849	10,935	4,915	450	2,825	51
1926～1930	1,256	1,546	3,688	1,691	6,347	118
1931～1935			457	650	2,436	57
1936～1941			270	327	1,294	43
計	107,253	230,547	35,777	14,667	33,070	538

	キューバ	アルゼンチン	ブラジル	パナマ	パラグアイ	その他
初年(人数)	1907(4)	1907(1)	1908(799)	1915(2)	1930(1)	1916(1)
1906～1910	4	4	1,714			
1911～1915		195	13,101	2		
1916～1920	104	612	13,576	57		17
1921～1925	198	350	11,349	105		6
1926～1930	265	1,750	59,564	106	1	58
1931～1935	26	1,049	72,661	98		64
1936～1941	19	1,438	16,750	88	708	108
計	616	5,398	188,715	456	709	249

注1：フィリピンにはごく少ないがグアムを含む。
注2：南北アメリカその他の欄の初年(人数)はボリビア。
出典：国際協力事業団『海外移住統計 昭和27年度～平成5年度』1994年、126～127ページから作成。

●―地域別渡航者数(アジア・オセアニア)

	ロシア/ソ連	インド	シャム/タイ	マラヤ・シンガポール	フィリピン
初年(人数)	?	1881(2)	1888(11)	1891(40)	1899(12)
1868〜1875	90				
1876〜1880	405				
1881〜1885	1,023	18			
1886〜1890	998	13	13		
1891〜1895	8,759	131	136	452	
1896〜1900	16,526	718	86	473	17
1901〜1905	1,786	30	16	177	5,223
1906〜1910	3,813	16	9	314	956
1911〜1915	3,386	75	5	1,225	3,465
1916〜1920	3,250	192	22	1,889	8,594
1921〜1925	6,464	113	9	1,041	3,236
1926〜1930	4,694	205	30	2,645	11,127
1931〜1935	5,071	321	75	2,408	6,143
1936〜1941	556	53	104	1,185	10,900
計	56,821	1,885	505	11,809	53,115

	東インド	インドシナ	オーストラリア	ニューカレドニア	北ボルネオ・サラワク
初年(人数)	1899(36)	1899(16)	1899(35)	1900(988)	1901(3)
1896〜1900	66	26	35	988	
1901〜1905	158	47	623	747	3
1906〜1910	217	91	33	1,015	14
1911〜1915	649	85	68	2,092	26
1916〜1920	855	62	335	114	147
1921〜1925	545	46	743	1	53
1926〜1930	1,730	56	890	64	350
1931〜1935	2,193	87	382	30	659
1936〜1941	682	102	664	23	1,577
計	7,095	602	3,773	5,074	2,829

	ニュージーランド	タヒチ	フィジー	その他
初年(人数)	1905(40)	1910(137)	1913(2)	1910(7)
1901〜1905	40			
1906〜1910	582	137		7
1911〜1915	291	354	8	72
1916〜1920	129	31	47	18
1921〜1925	3		10	
1926〜1930		14	20	1
1931〜1935	1	5	4	20
1936〜1941			2	23
計	1,046	541	91	141

●──植民地・中国各地の日本人数Ⅰ

朝鮮		台湾		樺太		南洋群島	
1890年	◎7,245						
1896年	◎11,854	1896年	10,584				
1900年	◎15,791	1900年	37,954				
1906年	77,912	1905年	59,618	1907年	20,469		
1910年	171,543	1910年	＊98,048				
1914年	291,217	1915年	＊137,229	1916年	66,280		
1919年	346,619	1920年	＊166,621			1920年	3,671
1924年	411,595	1925年	＊189,630	1925年	189,036	1925年	7,430
1929年	488,478	1930年	＊232,299			1930年	19,835
1934年	561,384	1935年	269,798	1934年	313,130	1933年	30,670
		1939年	323,214				
		1940年	346,663	1941年	406,557	1941年	90,072

注：◎印は居留地のみ。＊印は朝鮮人をふくむが、ごく少ない。

出典：朝鮮総督府『施政二十五年史』1935年、付表９、木村健二『在朝日本人の社会史』未来社、1989年、14ページ、木村「在外居留民の社会活動」『岩波講座近代日本と植民地』５、岩波書店、1933年、33ページ。

副島圓照「戦前期中国在留日本人人口統計(稿)」『和歌山大学教育学部紀要・人文科学』33、1984年、刊行会『台湾経済年報　昭和十六年版』国際日本協会、1941年、主要経済統計３～５ページ。

全国樺太連盟『樺太沿革・行政史』1978年、330～331ページ。

南洋庁『南洋庁施政十年史』1932年、11～12ページ、矢内原忠雄『南洋群島の研究』岩波書店、1935年、46～47ページ、南洋団体聯合会『第二回大南洋年鑑』1943年、848ページ。

●──植民地・中国各地の日本人数Ⅱ

	満州	関東州	中国本土	香港
1893年			966	223
1896年	10		899	299
1900年	611		2,603	397
1905年	6,270	5,025	9,203	643
1910年	39,665	36,668	15,791	1,049
1915年	51,389	50,197	21,491	1,351
1920年	86,166	73,896	54,544	1,780
1925年	97,446	90,542	45,269	1,536
1930年	112,732	116,052	53,212	1,874
1935年	333,005	159,599	55、743	1,405
1938年	492,947	178,594	216,641	626

注：香港はマカオを含むがごく少ない。
出典：副島、前掲。

●──福岡県出身の高橋内橘が経営する理髪店(ペルー、リマ)

●──都道府県別の移民数(1899〜1937年の累計)

府県名	人数	府県名	人数	府県名	人数
広島県	96,181	愛媛県	8,425	秋田県	3,133
沖縄県	67,650	東京都	7,718	岐阜県	2,973
熊本県	67,323	兵庫県	7,683	島根県	2,672
福岡県	50,752	愛知県	7,661	岩手県	2,616
山口県	45,050	三重県	7,555	群馬県	2,374
和歌山県	30,365	宮城県	7,539	茨城県	2,331
福島県	25,361	神奈川県	7,423	石川県	2,020
北海道	22,183	大阪府	7,322	千葉県	1,926
岡山県	20,661	福井県	5,922	宮崎県	1,897
長崎県	19,062	長野県	5,770	青森県	1,827
新潟県	15,582	山梨県	4,492	京都県	1,720
鹿児島県	13,731	香川県	4,220	徳島県	1,507
滋賀県	13,205	鳥取県	4,185	埼玉県	1,358
佐賀県	9,151	大分県	3,982	栃木県	1,290
静岡県	9,046	山形県	3,874	奈良県	1,182
高知県	8,619	富山県	3,158	計	641,677

出典：石川友紀『日本移民の地理学的研究』榕樹書林(宜野湾)、1997年、126ページ(外務省通商局『旅券下附数及移民統計』1921年、同『海外渡航及在留本邦人統計』1930年、拓務省拓務局『海外移住統計(昭和８〜14年版)』1935〜41年、から作成)。

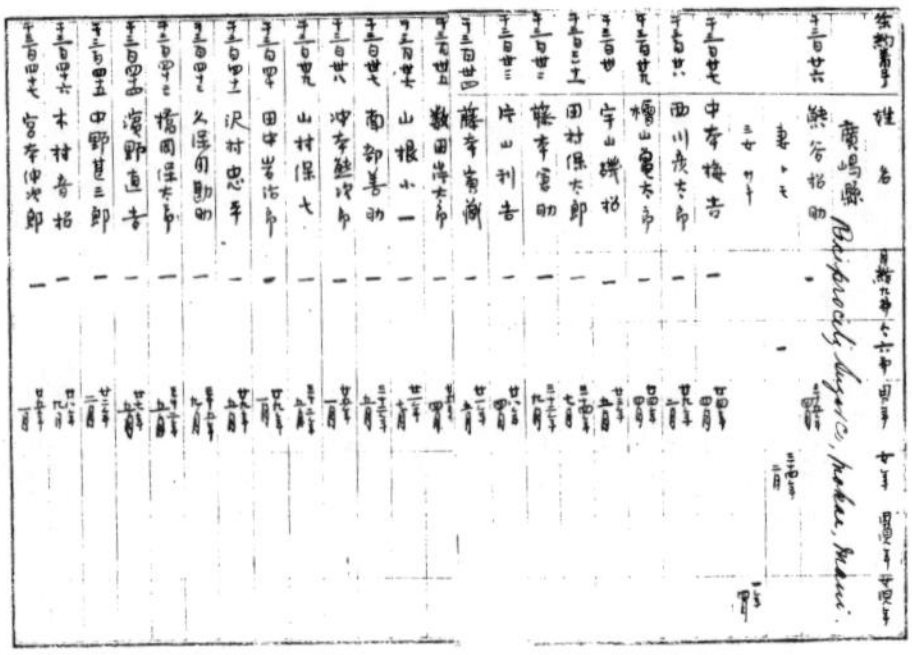

●―外務省が保管する官約移民の名簿　簿冊名には「出稼人名簿」とある。

▼官約移民　二八ページ参照。

長期的に正確な数はつかみにくいが、これら上位五県は、順位は入れかわっても、多くの統計で共通している。兵庫、和歌山、滋賀の各県がそれに続き、「西高東低」のパターンがはっきりしている。東日本では福島、新潟、北海道が突出している。一時は移住地だった北海道でも、二十世紀になると移民送出の要因が働くようになった。

　時期による変化をみると、たとえば朝鮮在住日本人の出身地は、日清戦争直後の一八九六年には長崎、山口の二県が全体の五八パーセントをしめていたのに対して、日露戦争後の一九〇六年になると両県の比率は下がり、広島県や大阪府が上昇してくる(木村健二『在朝日本人の社会史』未来社、一九八九年)。また、一八八五年から一〇年続いたハワイへの官約《かんやく》移民▲では、広島と山口の出身者が全体の七四パーセントにものぼった(石川友紀『日本移民の地理学的研究』榕樹書林、一九九七年)が、移民の送出開始のおそい沖縄県は、この時期にはまだ登場しない。沖縄が移民送出県になるのは一八九九年ごろからである。さらに、移民史全体のなかでさほどの数を出していない長野県は、こと一九三〇年代以降の満州農業移民に関しては、日本一の送出県であった。

明治期の地方社会は、まだ伝統的な共同体社会と地域性のこい農林漁業の生産組織でなりたっており、そこをはなれて他郷に移住するのは、一般の民衆にとってたやすいことではなかった。江戸や大阪に奉公に出るような従来からの流動性をはるかにこえた移住は、よほど強い動機と大きな決心がなければできないことだった。

移住をうながす動機・要因としては、これまで経済的窮乏が注目されてきた。その背景として、耕地が少なく資源の乏しい国土に大人口をかかえ、その増加率も高いことが強調された。人口にみあう生産ができず、食料が不足するという発想である。移民の実践家や啓蒙家《けいもうか》は、申しあわせたように貧困と人口・食料問題を根拠に移民の緊要性をといた。

経済的窮乏はたしかに海外移住の有力な要因である。しかし、昭和初年に矢内原忠雄がのべているように、敗戦前の日本には深刻な食料難はなかった。もちろん冷害をうけやすい東北日本を中心に飢饉はよくおこったし、昭和恐慌期には文字どおり娘を売って窮乏をしのぐ状況がひろがった。だが日本全体では、明治後期以後の急速な工業化にもかかわらず、台湾や朝鮮からの米の移入によって、十五年戦争期までは食料需給はほぼ安定していたといえる。

食料不足に象徴される窮乏が海外移民のおもな要因であれば、東北日本からもっと多くの移民が出てもおかしくない。しかし新潟、福島が多少めだつくらいで、ほかの県は西日本にくらべてずっと少ない。移民の要因はほかにもあったと考えなければならない。

すでに江戸時代から、基本食料の生産性、商品作物の栽培、それによる地場産業の成立などの点で、一般に西南日本は東北日本にくらべて先進性が顕著であった。そのような地域では、農業を核にしてその周辺に多様な分業が成立し、農家の副業化や一部の農民の別業化がすすむ。農民層の分解である。一方、幕末の開国以来の対外貿易の影響、明治維新による急激な社会の変化などによって、西南日本の先進性は大きく動揺した。多くの地場産業が衰退し、流通機構や海運組織が再編をせまられた。

広島県でも官約ハワイ移民への応募がとくに多かった瀬戸内海沿岸の農漁村では、農民層の分解がすすみ、土地にしばられない民衆があつく存在していた。また、日清戦争前後に山口県の瀬戸内海沿岸の漁業・港湾地域から朝鮮への移住がさかんになるのは、農村綿織物や海産物をあつかう廻船業が衰退したためであり、移住者は朝鮮で商業、漁業、沿岸海運業などに従事した。

これに対して、農民層が分解しても、社会的流動性が弱く、それを吸収しにくい東北日本では、完全な移住を生みだす契機に乏しかった。このような場合、窮乏化への対処は、堕胎《だたい》、娘の奉公や身売り、次三男の季節出稼ぎのような伝統的な方法がとられがちだった。

つまり、ある地域がいつ、どこに移民を送りだしたかは、その地域での移住要因がいつ発生し、その時期に世界のどの地域に送出が可能だったか、また、伝統的な共同体社会の静止性がどれほど流動化し、先駆的移民の経験談や移民のための諸制度の情報がどのように普及していたかなど、さまざまな社会的・経済的要素が複雑にからんで決まってくる。

る。

②——近代日本の移民活動

移民史の時期区分

前章に紹介した統計からは、おおむねつぎのようなことがうかびあがってくる。

敗戦前に渡航者の合計が一〇万をこえるのはハワイ、アメリカ、ブラジルであり、一九一〇年代までに在住人口が一〇万以上になるのは朝鮮、台湾、満州（関東州を含む）である。つまりこの六地域が、近代日本のおもな移民先だったといえる。欧米人の支配地域に向かう流れと、日本の勢力圏に向かう流れに端的に二分されるわけである。

しかし時期ごとにみると、行き先別の移住者数にはかなりの変動があるので、時期を区分してもう少し具体的に理解する必要がある。たとえば河村能夫は、移民のほとんどがハワイと北米に向かう一八八五〜一九〇八年、ハワイ・北米と南米に分化する一九〇九〜二四年、南米が中心になる一九二五〜三七年という三つの周期にわけて論じている。しかし、この時期区分はアジア・オセアニアへの移民を念頭においておらず、一八八五年以前や一九三七年以後をどうとらえるかも不明確である。移民の変動の要因は、ふたつの流れでそれぞれ異なるから、ひとつの基準で時期区分するのはむずかしい。本書では、河村の時期区分を手がかりに、双方の流れを視野にいれて、つぎの四つの時期にわけることにしたい。

第一期　一八八四年まで　端緒的移民期
第二期　一八八五〜一九〇四年　移民活動の成立期
第三期　一九〇五〜一九二四年　移民活動の社会化の時期
第四期　一九二五〜一九四五年　移民活動の国策化と戦時化の時期

各時期の特徴をみてゆこう。

第一期——端緒的移民期

一八八五(明治十八)年に日本政府がハワイに移民の送出を開始するまでは、日本人の移民は、統計的に微々たるものだった。だが数は少なくても、日本人は幕末期からさまざまな移民活動を行なっていた。この端緒期の移民のありか

▼**元年者**　一八六八(明治元)年にハワイに渡った「元年者」の人々(一九二二年)。
写真提供：BISHOP MUSEUM

▼**カリフォルニア**　米墨戦争によって一八四八年にメキシコからアメリカに割譲され、五〇年に連邦に加入。金鉱が発見され、四八年からのゴールド・ラッシュで急速に発展した。

たは、のちの本格的な移民の性格や特徴を方向づけており、歴史的に重要な意味をもっている。

一八六七(慶応三)年、幕府はハワイ王国駐日領事ユージン・ヴァン＝リード(横浜在住のアメリカ人貿易商・ジャーナリスト)に、甘蔗《かんしょ》農場の労働者の募集を許可したが、まもなく幕府は崩壊した。ヴァン＝リードは翌年五月、新政府の許可をうけずに応募者一五三人を無旅券で送りだした。日本からハワイへの最初の組織的移民であり、「元年者《がんねんもの》」▲といわれる。ヴァン＝リードは同年グアムへも四〇人の移民を送った。

また、戊辰《ぼしん》戦争を前に駐日ドイツ公使館の書記官を辞し、会津藩主の信用を得るなど、幕府側の援助に奔走したI・ヘンリー・シュネルは、幕府敗北後の日本に見きりをつけ、会津出身者など四十余人をつれて一八六九年に渡米、太平洋岸の新開地カリフォルニア▲州に「若松コロニー」の建設をこころみた。アメリカ本土への農業移民の先駆である。

しかし、個人の斡旋《あっせん》によるこれら初期の移民は、準備や資金の不足からいずれも定着できず、苦難のすえ帰国するか、むなしく命をおとした。ただ、元年者でも若松コロニーでも自発的な残留者はあり、自分の才覚でのちの人生をきりひらいた。そういう人々が、次代の移民を受けいれる凝縮核《ぎょうしゅくかく》の役をはたす。

このほか、外国船に雇われた水夫が寄港先に住みついたり、大道芸《だいどうげい》で身をたてたり、博徒《ばくと》や罪人が故国を逃れたり、貧しい家の娘を誘拐して娼家を営んだりする合法・非合法の渡航者がはやくから存在した。アメリカ側の調査では、一八六七年の在米日本人は六七人にのぼっている。アメリカ本土で日本人がいちばん多かったのは、カリフォルニアのサンフランシスコ周辺であり、明治政府は一八七〇年同地に最初の領事館を開設した。領事館の報告による一八七三年の同地在留日本人数は、男六八人、女八人、子供四人となっている（「在米日本人史略」日米新聞社編『在米日本人々名辞典』一九二二年）。

アメリカへの初期の渡航者に高い比率をしめたのは留学生である。留学生には、比較的経済力のある公費・私費留学生と、学資をもたずに渡航する苦学生があり、「官費生は多く東部に苦学生は多く桑港▲に集れり」（「在米日本人史略」）とされる。サンフランシスコでは急速な人口増加・都市化によって、中産階級の家僕《かぼく》や、さまざまな都市雑業の軽労働の需要が高まっていた。そのため働き

▼**桑港**　サンフランシスコの漢字表記。

ながら中等教育をうけ、英語を身につけ、職をえる道が開けたのである。当時の日本には、海外に雄飛して身をたてたいが、学資に乏しいという移民志向の若者が想像以上に多かったようで、アメリカの場合、初期の移民の主流はこうした苦学生だったといってよい。エリート留学生からもアメリカ在住者が出たが、苦学生の修学後の定住率ははるかに高かった。

生糸、陶磁器など日本商品の直輸出をめざす商人など、東部に滞在、居住する日本人も増加し、一八七二年にはニューヨークにも領事館が開設された。

一八七〇年代なかばには、ウラジオストックなどロシア極東地方への日本人の進出も始まった。一八七六〜八〇年の渡航者は約四〇〇人だが、つぎの五年間には一〇〇〇人をこえている（一五ページ表参照）。ロシアの艦船は開国以来長崎によく寄港し、修理のために長く滞在するロシア人も多かった。長崎―ウラジオストック間は便船も頻繁なため、初期のロシア極東への移住者は圧倒的に長崎県人が多い。

七〇年代末からは、カリフォルニアよりさらに辺境のアメリカ北西部やカナダ太平洋岸、そしてオーストラリアのサーズデイ島にも、日本人の端緒的な渡航が始まる。初めてカナダに渡った日本人は、一八七七年にブリティッシュ・コロンビアの港町に下船した長崎県出身の英国船水夫永野万蔵《ながのまんぞう》だとされている。永野はそのままカナダに住みつき、漁業や港湾労働に従事したのち商業、日加貿易などを営んで、カナダ在住日本人の草わけになった。

オーストラリア大陸の北端であるヨーク岬の沖、トレス海峡にうかぶサーズデイ島は、当時真珠貝の世界的な漁場だった。真珠貝はおもにシャツの高級ボタンの原料として取り引きされており、日本人潜水夫の出稼ぎ先になりつつあった。一八八三年にはイギリス人ジョン・ミュラーの斡旋で三七人の潜水夫が組織的に送りこまれた。ハワイ官約移民開始の二年前のことであり、厳密にはこれが明治政府公認の初の労働移民である。同島にはそのときすでに五三人の日本人がいたとされている。

第二期——(1)ハワイとアメリカ本土

明治政府がハワイ王国政府との条約で一八八五(明治十八)年に移民を送出してから、日清戦争をへて日露戦争にいたるまでの二〇年間は、近代日本の移民活動が本格的に成立した時期である。

アメリカ資本によるハワイの製糖業は、一八七〇〜八〇年代に驚異的に伸び、耕地に多数の移民労働力を投入していた。一八七一年に日本と修交通商条約を結んで以来、ハワイ政府は日本人の雇用を要望しつづけてきた。一八八一年、国王カラカウアが外遊して日本を訪問したときにも、政府に強い要請が出された。

具体的な移民契約交渉にあたったのは、ハワイの駐日総領事兼臨時公使ロバート・W・アーウィン▲である。アーウィンは外務卿井上馨《かおる》ら日本側の信用があつく、一八八四年には契約条件がまとまり、翌八五年、二回にわけて計一九三一人の農民がハワイに渡るとともに、八六年一月、日布渡航条約が調印された。以後一〇年間、この条約にもとづく官約移民として合計二万九〇〇〇人あまりがハワイに渡航した。

その背景には、一八八〇年代初頭に、松方財政▲のデフレ政策がもたらした農村の深刻な疲弊《ひへい》があった。農村では激しい農民分解がおきたが、土地から遊離した貧農を吸収する近代産業は、当時まだ育っていなかった。ハワイ官約移民

▼ロバート・W・アーウィン　一八四四〜一九二五年。在日アメリカ人実業家。太平洋郵船会社の代理人として一八六六年に来日し、横浜に住む。六七年にハワイ王国駐日副領事、八一年総領事・臨時公使となり、翌年移民局代理人をかね、八四年公使。三井物産会社の顧問をつとめ、三井に近い井上馨と親交をふかめた。

▼松方財政　明治政府は当初地租以外に財政基盤がなく、急速な改革と近代化をはかるため大量の不換紙幣と国債を発行したが、西南戦争(一八七七年)の戦費調達でこれらがさらに膨張し、激しいインフレが進行した。八一年大蔵卿に就任した松方正義は、不換紙幣を整理してデフレ政策をとり、中央銀行の創設、貿易金融の拡充、軍備の拡張などを強引にすすめた。

●——甘蔗農園で働く日本人女性たち　写真提供：BISHOP MUSEUM

●——19世紀末のハワイの日本人村　写真提供：J. A. Gonsalves
BISHOP MUSEUM

は、北海道移民とならんで、この事態に対処する日本初の人口調整政策であった。最初の渡航では六〇〇人の募集に対して二万八〇〇〇人もの応募者があったという。日本社会のなかに、出稼ぎへの切実な欲求が構造化していたのである。一八八五年を近代日本移民史の第一の画期とする理由もそこにある。

日本政府は日清戦争期にハワイ官約移民から手をひき、以後移民の送出はおもに移民会社が行なうことになった。この間にハワイではアメリカ人の策謀で王制が倒され、短期間の共和制をへて、一八九八年ハワイはアメリカに併合された。そして一九〇〇年にアメリカの移民法の適用をうけたため、本土と同様、あらかじめ就労期間を設定して前渡し金で自由を拘束する契約移民▲が禁じられた。このため労働者の流動性が高まり、第二期の後半から、日本人のアメリカ本土への転航が始まった。転航は日露戦争後の第三期のはじめに最盛期を迎える。

アメリカ本土へは苦学生の渡航がなお続いており、一八八三〜八六年がその最盛期だった。サンフランシスコ領事館の調査では、一八九五年の管内(カリフォルニア、オレゴン、ワシントン、アイダホ各州)日本人人口は約七〇〇〇人で

▼**契約移民**　前渡し金制度、就労年限の規定など、一般の労働契約以上の拘束的契約条件のもとで労働に従事する移民。移民周旋人や移民会社が仲介するのがふつうで、出稼ぎ性が強かった。その拘束面から人権問題になりやすかったが、ホスト社会から見れば、契約年限の終了後は大部分が帰国し、異民族人口の急増に結びつかないという期待もあった。

あるが、そのうち「純然たる出稼労働者」が五〇〇〇人、「家内労働に従事し傍ら修学するもの（主に桑港附近）」が一二〇〇～一三〇〇人で、「純然たる学生」は二〇人にすぎない（入江寅次『邦人海外発展史（上）』一九三八年、復刻、原書房、一九八一年）。最盛期から一〇年たっても、在留日本人の一七～一八パーセントは苦学生だったことになる。

「純然たる出稼労働者」とは、鉄道、鉱山、森林伐採などの単純労働に従事するものである。この分野では従来中国人がひろく雇用されていたが、一八八二年に中国人移民排斥法が制定されたため、八〇年代後半からは日本人を採用する企業がふえはじめた。これに対応して、日本人の労働者斡旋業者もあらわれた。

第二期のアメリカ本土移民を特徴づけるもうひとつのグループは、自由民権運動家やのちの社会主義者、労働運動家などである。一八八〇年代後半から、政府の圧迫をうけて日本を逃れ、海外に活動の場をもとめる亡命的移民が急増した。一八八七年に保安条例▲が制定されると、民権派の国内活動はさらに困難になり、亡命移民も増加してゆく。サンフランシスコの民権派は、八八年愛国

▼**保安条例**　一八八七年十二月、自由民権運動を弾圧するために公布・施行された。秘密の結社や集会を禁じ、特定の人物を東京から退去させる権限を政府に与えた。

有志同盟(のち日本人愛国同盟)を結成し、啓蒙活動を開始した。思想的背景は異にするが、これと前後して、徴兵《ちょうへい》を逃れるため海外に移住したものもあった。民権派移民は、在米日本人社会だけでなく、日本国内への影響力を保つためにも新聞の発行を重視し、サンフランシスコでは一八八〇年代後半以降、政治的な性格のうすいものも含めて、多数の日本語新聞が発行されていた。新聞といっても多くはミニコミ紙であるが、近年それらの発掘・研究がすすみ、移民間の対立、民権派出身の労働者斡旋業者の実態などがあきらかにされている。

第二期——⑵多様化する移民先

第二期のなかごろには、移民の行く先はカナダ、メキシコ、ペルーにもひろがりはじめている(一四ページ表参照)。カナダでは、一八八七(明治二十)年に和歌山県日高郡三尾《みお》村(現、美浜町)から密航した工野儀兵衛《くのぎへえ》が、翌年フレイザー河川の鮭の遡上《そじょう》のようすを故郷に知らせ、漁夫を招いた。彼らはフレイザー河口のスティーブストンに定住し、漁期には出稼ぎも迎えて鮭漁に従事した。このほか缶詰工場、製材所、伐採現場、炭鉱などで働く日本人もふえていった。

メキシコへの正式の移民は、前外務卿榎本武揚《えのもとたけあき》の主導ですすめられた、移住組合によるチアパス州への三六人の入植(一八九七年)が最初であるが、カナダとほぼ同じ一八九〇年代の初頭からすでに渡航が始まっていた。榎本移民は、悪条件がかさなって数カ月で崩壊し、少数の参加者がメキシコで再起をはかるだけとなった。のちにメキシコからは、ハワイやカナダと同様、アメリカ本土への転住者が多くなった。

ペルー移民は、移民会社森岡商会(のち森岡移民合資会社)が一八九九年に甘蔗農場に送った契約移民七九〇人に始まる。第一回移民は、労働条件をめぐって農場経営者側と対立し、契約は労使双方で実施されず、移民は四散してしまった。しかし商会はその後も送出を続けてペルーを専門とする移民会社に成長、移民の定着もすすんだ。その結果ペルーは、のちのブラジルにはおよばないものの、新大陸においてカナダとならぶ日本人の移民先となっている。

また、朝鮮にもすでに一八九〇年に七〇〇〇人あまりの日本人が住んでいた。日本は朝鮮に圧力をかけ、一八八三年までに釜山、元山、仁川に専管居留地(租界《そかい》)の設定を認めさせ、国民の移住を奨励していた。日清戦争(一八九四〜九五年）で朝鮮が戦場になると、軍の御用商人その他の渡航が急増、戦後の九六年には一万人をこえ、一九〇〇年には一万五〇〇〇人に達している（一六ページ表参照）。

朝鮮ほどではないが、この時期には中国（清国）各地にもある程度の数の日本人が住むようになった。日清戦争期には満州はまだ少ないものの、中国本土と香港の日本人は合計で一〇〇〇人をこえている。

アジアではこのほか、ロシア極東への渡航が一八九〇年代をつうじて桁《けた》ちがいに増加するのが注目される。ひとつにはこの地方でシベリア鉄道の工事が始まり、多くの日本人がその建設に従事したためである。鉄道沿線から遠くはなれたアムール川の河口ニコライエフスク・ナ・アムーレにも、年間数千人の出稼ぎ漁夫が集まった（入江『邦人海外発展史（下）』）。一九〇一年末現在、極東・シベリアに在住する日本人の人口は表（三五ページ）のようであった。沿海州のウラジオストックが圧倒的に多く、ニコリスク・ウスリースキー、ハバロフスク、アムール州のブラゴベシチェンスクにも三桁の人口があるが、奥地ザバイカル州のいくつかの町や、シベリアのイルクーツク、トムスクなどにも進出してい

●—けわしい山地に開かれたベンゲット道路（フィリピン、ルソン島）　日本人移民が建設に従事した。

●—ロシア極東・シベリアの日本人数　1901年12月31日現在。単位：人

地方	都市	男	女	計
沿海州	ウラジオストック	1,413	1,485	2,898
	ラズドルィノエ	3	12	15
	パスィエト	1	0	1
	ニコリスク・ウスリースキー	195	235	430
	ノウォキエフスキー	12	30	42
	イマン	18	29	47
	ハバロフスク	87	135	222
	ニコライエフスク・ナ・アムーレ	96	101	197
アムール州	ブラゴベシチェンスク	80	131	211
	ゼーヤ	6	13	19
	イグナーシノ	4	28	32
ザバイカル州	スレーテンスク	3	10	13
	チタ	30	65	95
	カイダロフカ	35	6	41
	ウェルフネウディンスク	10	13	23
東シベリア イルクーツク県	イルクーツク	12	2	14
西シベリア トムスク県	トムスク	1	0	1
合計		2,006	2,295	4,301

出典：戸水寛人『東亜旅行談』有斐閣、1903年（入江寅次『邦人海外発展史（下）』井田書店、1942年、433〜435ページ）を改編。合計はあわないので計算しなおした。

るのには驚かされる。

インド、シャム(タイ)、マラヤ・シンガポールへの渡航も始まった。フィリピン、東インド、インドシナ、オーストラリアは統計上の最初の渡航は一八九九年だが、実際の渡航はそれよりはやかった。シンガポール最初の日本人商店は一八八五年に開業し、日豪貿易の先駆者兼松《かねまつ》房《ふさ》次郎《じろう》(兼松商店、現兼松の創始者)の最初の渡豪は一八八七年である。その翌年、クイーンズランドの甘蔗農場に一〇〇人の日本人移民が導入された(入江『邦人海外発展史(上)』)。一九〇〇年に始まるとされるニューカレドニア▲への移民は、ニッケル鉱山の労働者であった。一九〇二年にはマラヤで日本人によるゴム園経営が始まっている。

米西戦争でアメリカが領有したフィリピンでも、一八九〇年代末にすでに一〇〇人内外の日本人がいたとされるが、一九〇三年には労働移民が始まった。ミンダナオ島ダバオのマニラ麻農場(三〇人、定着せず)と、ルソン島パンガシナン州ポソルビオからベンゲット州の避暑地バギオへの道路工事である。後者の正確な就労人数はあきらかではない。しかし一九〇三~〇四年にフィリピンに渡ったとみられる日本人約五〇〇〇人のうち、常時一〇〇〇人程度はベンゲ

▼ニューカレドニア　オーストラリアの東方、メラネシアの島。一八五三年フランス領になる。世界有数のニッケル鉱で有名。仏語読みではヌーヴェル・カレドニー。

ット道路の工事にたずさわったと思われ（三五ページ写真）、のべ人数ではその数倍になろう（早瀬晋三『「ベンゲット移民」の虚像と実像』同文舘出版、一九八九年）。道路が完成すると、フィリピンに残った日本人の一部は、キャンプ地に進出した食品雑貨商太田恭三郎▲とともにダバオに移り、マニラ麻栽培に従事するようになった。同地はのちにフィリピン一の日本人移民地になり、太田は「ダバオの父」とよばれた。

しかし第二期のアジアへの移民は、ハワイ・南北アメリカ移民の本格化にくらべてなお端緒的な段階であった。

第三期 ── 移民活動の社会化

第三期は、日露戦争の終結から、一九二四（大正十三）年の新移民法▲の実施でアメリカへの移民が不可能になるまでの二〇年間である。

この時期の特徴は、日本が植民地帝国化をとげ、朝鮮から満州への大陸進出の地歩をかためたことにある。日露戦争の結果、日本は朝鮮の支配権を確立し、満州南部のロシア租借地（関東州）と鉄道経営権（南満州鉄道▲）、北緯五〇度線以南

▼**太田恭三郎**　七三ページ参照。

▼**新移民法**　年間の移民受けいれ数の上限を国別の実績でさだめる一方、帰化不能外国人の入国は、一時帰国者の再入国以外認めないとする連邦移民法。一般に「排日移民法」とよばれる。一九二四年五月に成立、七月に施行された。以後五二年の新移民帰化法の実施で差別条項が撤廃されるまで効力をたもった。

▼**南満州鉄道**　日露戦争後ロシアから大連―長春間の鉄道とその支線（南満州鉄道）の割譲をうけた日本は、満州支配のため一九〇六年に南満州鉄道株式会社（満鉄）を創設した。満鉄は特別法にもとづき、政府の現物出資に民間資本を加えて設立された巨大な国策会社で、鉄道、港湾、炭鉱を経営し、鉄道沿線の付属地に行政権を行使した。

●——南満州鉄道の社宅（大連市南山麓）

の樺太、ロシア領の沿岸漁業権を獲得した。続く第一次大戦では中国山東省とミクロネシア（南洋群島）のドイツ権益を奪取、戦後創設された国際連盟の常任理事国にもなって、欧米の強国に準ずる国際的地位を手にした。

日本の植民地・勢力圏の拡大をうけて、この時期にアジアへの移民が本格化する。それを象徴するのが朝鮮・満州在住者の激増である（一六ページ表参照）。

とくに、それまで朝鮮、ロシア極東などにくらべて日本人の移住が少なかった満州は、以後アジアにおけるもっとも重要な日本人の移民先になった。最初に進出したのは軍の御用商人、通訳、情報関係者などであり、一九〇七（明治四十）年に南満州鉄道の営業が開始されると、その社員や関連企業の職員、中小の自営業者層の移住が続いた。本社がおかれた関東州の大連は、日本の満州進出の根拠地、近代的計画都市として発展していった。一九〇九年二月、外相小村寿太郎《こむらじゅたろう》が議会で満韓移民集中論をとなえたように、朝鮮・満州を一体にした植民地帝国膨張の方向は、以後日本の一貫した国策になった。

第三期には樺太、南洋群島への移民も始まり、並行して中国本土、東南アジアへの進出が顕著になった。東南アジアでは、従来の労働移民にかわって、ゴム園経営などの事業進出が活発になった。日本人のゴム事業は一九〇二年にマラヤで始まり、〇五年に三五公司が本格的に事業化、一九一〇年代には多数の企業が参入した。一九一九年までに設立された会社形態の日本人ゴム園は四五社にのぼる（柴田善雅「日系ゴム栽培事業の勃興と第一次大戦期の拡張」『大東文化大学紀要・社会科学』三九、二〇〇一年三月）。このほか個人経営の小農園があった。個人農園の所有者には娼婦がかなり含まれていたという。

だがこの時期にも、ハワイ、アメリカは数のうえでなお日本人の主要な移民先だった。ハワイへの渡航者数は一九〇六年が最大で、二万五〇〇〇人をこえた。だが一九〇八年以後は顕著に減り、かわって一九〇〇年代前半に一時大きく落ちこんだアメリカ本土への渡航が、後半からめだって伸びている。一九一二年からはカナダへも年間千何百人レベルの渡航が続いた。

それにともなってアメリカ、カナダでは、以前からくすぶっていた日本人排斥の動きが表面化してきた。一九〇六年サンフランシスコでおきた日本人児童隔離事件▲と翌年のバンクーバー暴動▲はその象徴である。これらをきっかけに、移民問題は重要な外交案件になり、一九〇八年の日米紳士協定に象徴されるよ

▼日本人児童隔離事件　八四ページ参照。

▼バンクーバー暴動　八五ページ参照。

▼**海外興業株式会社**　海外興業株式会社の社長井上雅二は、精力的な著作活動で海外雄飛の思想を鼓吹した。

うに、受けいれ側の制限、送出側の自粛をうながした。一九二〇年代になると移民制限は年々きびしくなり、一九二四年の新移民法の成立で、アメリカへの新規移民は事実上できなくなった。それにかわって中南米のキューバ、アルゼンチン、ブラジルなどが、日本人の移住先に登場してくる。

ブラジルの場合は、一九〇八年に皇国移民会社の手で送られた七九九人（笠《かさ》戸《と》丸《まる》移民）が最初で、移民の始まりはおそかった。しかしアメリカ移民が困難になるにつれて複数の移民会社が参入し、つぎの時期にかけて最大の日本人受けいれ国に急成長した。初期のブラジル移民はコーヒー農場の労働者が中心だったが、しだいに移民会社や個人、団体がまとまった土地を入手し、そこに自営農をめざして入植するのが主流になった。移民の導入に積極的だったサンパウロ州政府も、一九二一年まで補助金を交付した。一九一七年には国の主導で中小移民会社を統合した海外興業株式会社▲が発足し、ブラジル移民業務を独占的にあつかうようになった。二一年には内務省に社会局がおかれ、移民の保護・奨励、補助金支給などの事務を主管した。移民が国策化の方向をたどりはじめる第一歩である。

●——海外興業会社の農園で働く移民(ブラジル、サンパウロ州レジストロ)　玄米を唐箕で風選しているところ。

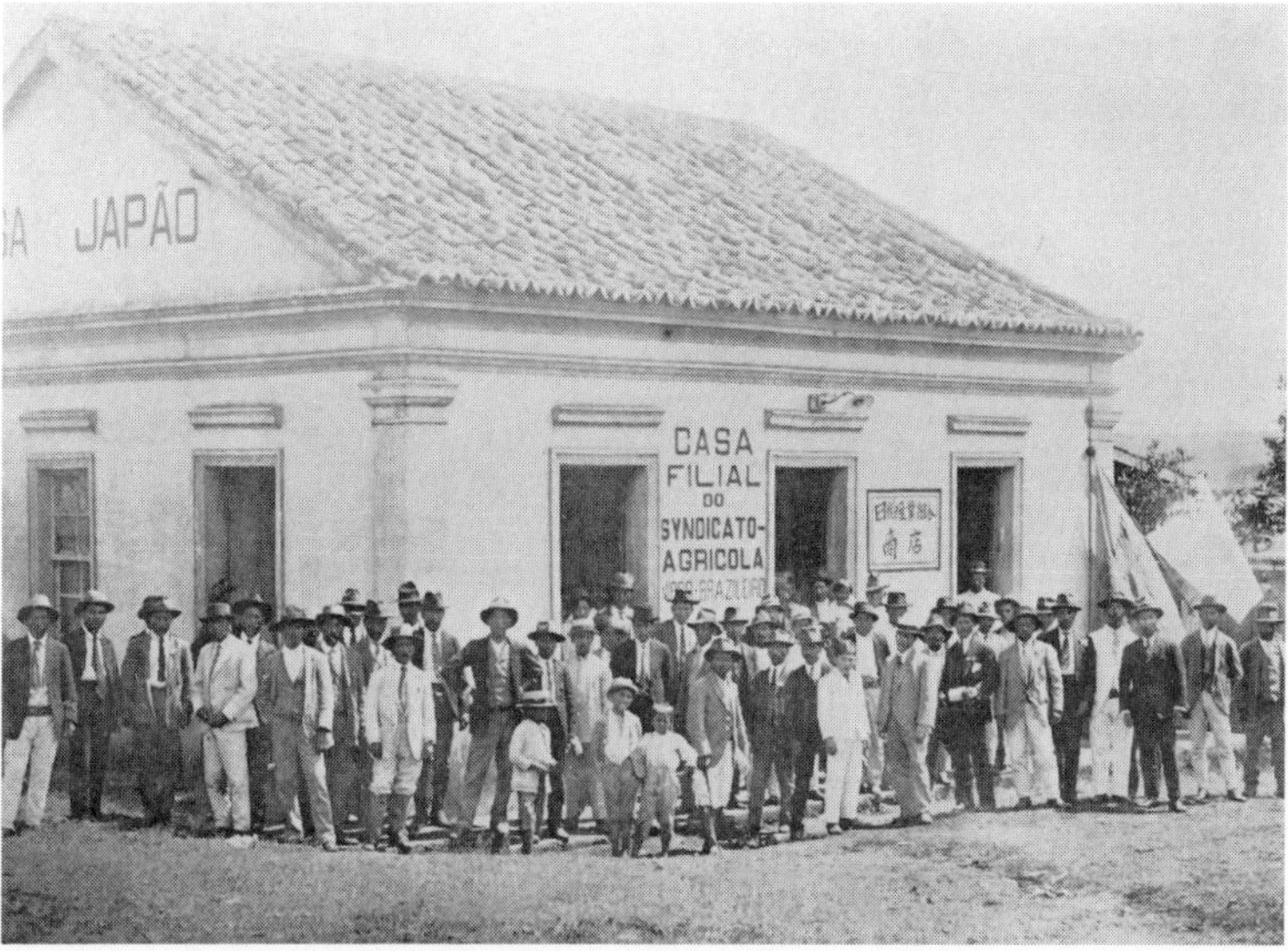

●——コンキスタの日本人農業組合が経営する商店(ブラジル、ミナス・ジェライス州)

ブラジルでの日本人の自営農化は、一九一一年にサンパウロ州モンソン植民地に入植した五家族に始まるとされる。その後、イグアペ植民地(ブラジル拓殖、一九一三年)、レジストロ植民地(日伯拓殖、一九一四年)、平野植民地(平野運平、一九一五年)、上塚《うえつか》(イタコロミー)植民地(上塚周平、一九一八年)、アリアンサ移住地(信濃海外協会、一九二四年)などの日本人入植地がつぎつぎに建設され、また米作地ミナスジェライス州ウベラーバ市の日伯産業組合▲(一九一九年)を手はじめに、日本人農業団体も各地で生まれるようになった。

またこの時期は対米移民問題をめぐって反米ナショナリズムが噴出し、移民関係のさまざまな団体がつくられるなど、一般社会の移民への関心が高まった時期であった。移民の先進県を中心に海外協会などの団体が結成され、移民運動が地方に根づいていった。日本の移民活動は、この時期に社会化したということができる。

第一次世界大戦後は植民地・従属国で反帝ナショナリズムがめばえ、朝鮮や中国でも反日運動がおこって、日本人移民をめぐるアジアの国際環境は流動化しはじめた。この点も、第三期の重要な特徴である。

▼**日伯産業組合**　伯はブラジルの漢字表記「伯剌西爾」の頭文字。

▼国立移民収容所　乗船準備のため移民が一時滞在した国立移民収容所の建物。

第四期──⑴ブラジル移民の最盛期

西半球移民の流れがアメリカからブラジルへと転換する一方、中国民族主義の台頭の前に満州権益が動揺し、日本が中国革命に敵対する侵略政策をとって国際的に孤立、十五年戦争をへて徹底的な敗北を喫し、移民活動も崩壊するのが第四期である。この時期の移民活動は、ブラジル移民が最盛期を迎えた前半と、それが衰退して満州農業移民が推進された後半で、形態が大きく変化した。

まず一九二五(大正十四)年、政府はブラジル移民に貸与してきた渡航費と移民会社の手数料を、以後全額支給にあらためた。ブラジル移民の正式国策化を示す政策転換である。同時に大阪商船の喜望峰《きぼうほう》まわり南米航路を政府指定航路とし、同社もそれを機にディーゼル機関を主力とする大型高速船を建造・投入して、輸送力の拡大と航海日数の短縮をはかった。また政府は一九二六(昭和元)年、日本人の新規入植地候補として熱帯のアマゾン地方の調査に着手し、一九二八年にはパラ州などアマゾン地方への入植が始まった。同年、出国準備で数日間滞在する移民のため、神戸に国立移民収容所▲も完成した。

ブラジル移民国策化のもうひとつの柱は、一九二七年に制定された海外移住組合法である。政府は同法による府県ごとの移住組合と、その中央組織である海外移住組合連合会をとおしてブラジル移民の宣伝・奨励と補助を行ない、ブラジルには二九年現地法人ブラジル拓殖組合(通称ブラ拓)を設立して土地の獲得にのりだした。同年拓務省が設置され、移民に関する国の事務をそれまでの外務省通商局・内務省社会局からひきついだ。

自作農の定着促進政策のにない手として、ブラ拓は土地の取得を積極的にすすめた。既耕地の肩代わりを含め、一九三〇年には合計二五万三〇〇〇町歩(町歩はヘクタールとほぼ同じ)の土地を所有していた(今村忠助『ブラジル物語』信濃毎日出版部、一九三一年)。これと並行して一九二〇年代の後半から、日本資本による拓殖企業がつぎつぎに設立された。

一九三一年、日本は満州に駐屯する関東軍▲の謀略で満州事変をおこし、以後十五年戦争とよばれる侵略と戦争の道をあゆむ。関東軍が満州全域を中国からうばって満州国▲という傀儡《かいらい》国家をたてたため、日本人は従来の関東州と満鉄付属地にくわえ、満州全域で行動の自由をえた。関東州を含めた満州在住日本人の一九三五年の人口は、満州事変前の三〇年の二倍強にふえているが、州外の

▼**関東軍**　満州駐在の日本軍。関東州を統治するため、日露戦争後設置された関東都督府陸軍部を前身とし、一九一九年の都督府廃止、関東庁設置で関東軍になった。

▼**満州国**　満州事変により関東軍が設立した日本の傀儡国家。清朝の廃帝愛新覚羅溥儀《あいしんかくらふぎ》を執政にかついで一九三二年三月建国宣言。政府の実権は日本人がにぎり、満州の行政国家化、産業開発、軍事基地建設をすすめた。

ほうが伸び率が高く、三倍近くにもなっている。人口増加のおもな要因は、満州国に雇用された官吏、軍人、警察官などの渡満、満鉄の事業拡張にともなう職員の増大、関東軍の軍需の拡大や国策会社の設立による雇用の活発化などにあった。

また満州国の成立を好機に、関東軍と拓務省は農業移民の送出を計画した。満州への農業移民は、日露戦争以来関東都督府《ととくふ》、満鉄、民間などの手でこころみられたが、失敗におわるか、小規模なものにとどまっていた。関東州以外には移民適地がえられず、また生活水準や農業技術の点で中国人農民と競争にならなかったためである。

関東軍の強い主張で、拓務省ははやくも一九三二年から、在郷軍人を中心とする少数の試験移民を募集し、反満抗日部隊▲が活動する満州北部に入植させた。移住地には、関東軍が軍事力を背景に強制的に収用した既耕地があてられた。第四期の後半には、この試験移民を拡大した満州農業移民が、ブラジル移民にかわって移民国策の中心となる。

というのも、アメリカ、カナダについでブラジルでも、一九三〇年代なかば

▼**反満抗日部隊**　日本の満州侵略、満州国の支配に対抗してゲリラ戦を展開した中国・朝鮮人の武装集団。旧軍閥系、国民党系、共産党系などさまざまなタイプがあったが、次第に共産党主導の統一戦線組織である東北抗日連軍に統合された。一九四〇年以後は衰退したが、アジア太平洋戦争末期には勢力をもりかえした。

から移民の制限、日本人移民の排斥が始まり、ようやく確立したブラジル移民国策も、ほぼ一〇年で挫折に直面したからであった。一九三四年、ブラジルは「外国移民二分制限法」を公布したが、これによって国別の年間移民許可数は、過去五〇年間の定着総数の二パーセントをこえてはならないとされ、同年度に二万七〇〇〇人認められていた日本人の入国枠は、三五年度には一挙に二八四九人に減少した(海外興業『日本移民概史』一九三七年)。以後、入国数は年々減りつづけ、三九年以後は一〇〇〇人台に落ちこんでいる。

また一九三七年には、大統領ヘトゥリオ・ヴァルガスのファッショ的独裁体制による移民同化政策が始まり、外国語教育の禁止、外国語新聞雑誌の取締り強化、移民の教育・文化活動の制限が行なわれるようになった。その結果ブラジル社会のナショナリズムは極端に強まり、三九年前後には帰国する移民が急増した。一九四〇年になるとペルーで反日暴動がおこり、多数の日本人商店が襲撃されて、被害者からやはり帰国者が出た。四一年にはブラジルの日本語新聞があいついで停刊においこまれた。

政府はブラジルの移民制限対策として、三四年パラグアイの調査を行なうとともに、翌年ブラジルに通商使節団を派遣して交渉にあたらせた。はやくも三六年には、パラグアイにブラジルからの転住と日本からの直接渡航が開始された。しかし、アジア太平洋戦争前の渡航者は合計七〇〇人あまりにとどまる。ブラジルでは、一九四〇年に日本資本の銀行やサンパウロの日本商工会議所が設立され、在住日本人社会の経済的成熟をうかがわせたが、新規移民の送出先としてのブラジル・南米の役割は、三五年にはおわったものとみてよい。

第四期──⑵戦時国策移民の推進

ブラジル移民の衰退は、ただちに満州移民への期待に結びついた。ブラジル移民と満州移民の国策的連続性は、長野県知事時代に信濃海外協会のアリアンサ移住地の取得にかかわり、のちブラ拓の理事として広大な入植地の取得に手腕を発揮した梅谷光貞《うめたにみつさだ》▲が関東軍移民部長に就任し、初期の土地収用と移民政策の立案にたずさわったことにも読みとれよう。

一九三六(昭和十一)年に成立した広田弘毅《こうき》内閣は、二・二六事件で発言権を強めた軍部の意向で、二〇年間に一〇〇万戸五〇〇万人の満州送出を国策のひ

▼**梅谷光貞**　一八八〇～一九三六年。内務官僚。山梨県知事から一九二四年長野県知事となる。二七年海外拓殖組合連合会専務理事に就任、二九年にはブラジル拓殖組合理事として日本人自営農の入植地の獲得に奔走した。三二年関東軍特務部に招かれ、移民部長として、土地の収用、満州拓殖会社の創設などに活躍した。

とつにかかげた。年平均二五万人という数字は、それまでの移民の実績とかけはなれており、当局に達成の自信がどれだけあったのかうたがわしい。だがこうした数字の公表は、堅実な自作農を海外に根づかせる現実政策から、二〇年後の人口が五〇〇〇万人になるはずの満州で、その一割は日本人がしめるべきだという、理念先行の非現実政策への転換を意味した。同じ国策といっても、ブラジル移民の場合とでは政策姿勢がまったく異なるといえよう。

満州移民を終始主導した軍部の発想では、満州の日本人人口を増加させることは、満州国の治安の維持と、対ソ戦略からすすめつつある満州の軍事化に不可欠であった。また農民の送出は、昭和恐慌下に疲弊した農村を救済し、「良兵」の供給源を確保する道でもあった。小作争議の増加など、国内の社会矛盾の激発をふせぐ目的もあった。

こうした要求に農林省所管の農村経済更生政策▲が結びつき、満州移民の場合は、それぞれの町村が経済更生計画のなかに移民送出事業をおりこむこととされた。一戸あたりの耕地面積を拡大して母村の更生をはかるのが主眼である。その結果、各町村を母体とする数百戸の集団開拓団(分村移民)、それが不可能

▼**農村経済更生政策**　昭和恐慌下の農村の窮乏に対処するため、一九三二年に始まった官主導、自力更正奨励型の経済政策。三六年から経済更生特別助成事業が始まり、満州移民の送出が助成条件のひとつになった。

●――満州移民送出数

年度	人数	年度	人数	年度	人数
1932	1,557	1937	7,788	1942	27,149
1933	1,715	1938	30,196	1943	25,129
1934	945	1939	40,423	1944	23,650
1935	3,539	1940	50,889	1945	13,545
1936	7,707	1941	35,774	計	270,006

出典：外務省移民局『海外移住統計』1964年（蘭信三『「満州移民」の歴史社会学』行路社、1994年、47ページ）。

な場合にも次善の策として郡単位の開拓団(分郷移民)の編成が強力にすすめられ、満州国側の満州拓殖公社が用意した土地に入植した。入植地は満州中部・北部、おもに反満抗日勢力の優勢な地域や満ソ国境地帯が中心であった。入植地の多くは、最後まで強制収用された既耕地であり、「開拓」とよぶにふさわしいものではなかった。

しかし、満州移民の送出が本格化した翌一九三七年以降、日中戦争が拡大の一途をたどり、経済が軍需主導に転換すると、国内では兵員と労働力の需要が一気に高まり、農村の相対的過剰人口は解消されていった。満州国でも三七年度から産業開発五カ年計画が発足し、多くの会社がつくられて一般事務員や技能者を雇用した。その結果成人の移民送出はきわめて困難になり、対策のひとつとして、数え年一六～一九歳の青少年による義勇隊開拓団の送出も積極的に行なわれた。しかしいずれも、予定どおりの応募者をえるのは年々むずかしくなり、人員不足のまま送られる団が常態化していった。そのため末期の成人移民では、経済の軍事化にともなう都市転廃業者なども対象とされた。満州農業移民の年次別人数は上の表のとおりで、敗戦までの総数は約二七万人に達している。

第四期における、満州以外のアジア・オセアニア移民の動向をかんたんにみておこう。まず、前半期に朝鮮の在住者が伸び、五〇万人をこえているのが目につく。これは、満州事変前後から朝鮮の重工業化がすすみはじめたことのあらわれである。三〇年代は六〇万台で推移し、四一年には七〇万台にのり、統計の最終年である四二年には、約七一万七〇〇〇人になった。

台湾の場合は、日本人人口の伸びは朝鮮にくらべて緩慢だったが、一九二五(大正十四)年には樺太が台湾とほぼ同数になり、以後逆転しているのが注目される。樺太でも一九三〇年代以後、製紙業、炭鉱業などで開発がすすみ、とくに製鉄に必要な粘結炭《ねんけつたん》の増産がはかられたことの反映である。南洋群島の日本人も同時期にめだって増加した。

中国本土では、日本軍の占領地の拡大による日中戦争期の急増がめだつ。一九三八年に北支那開発、中支那振興という占領地の二大国策会社が発足し、主要産業の独占的経営体として投資活動を行なったことが、本土への移民増をもたらした。

●──満州移民団の本部(大青川茨城開拓団)

●──樺太の製紙業　パルプ用材を運ぶ森林鉄道。林業・製紙業は、漁業とならぶ樺太の主要産業だった。

マラヤ・シンガポール、フィリピン、東インド、オーストラリア、北ボルネオ・サラワクの各地でも、渡航者数は第四期がいちばん多い。すべての地域で、一九二六〜四一年の渡航者が総計の半分以上をしめる。北ボルネオ・サラワクでは九〇パーセント以上である。ただし、こうした欧米諸国の植民地、自治領への渡航は、年次別の原典の数字では、一九三九年ないし四一年の間に急減している。日本の南進を警戒する支配国が受けいれを制限しはじめたからである。

アジア太平洋戦争を開始した日本は、これら欧米諸国の植民地を占領し、軍政下においた。在住日本人は開戦前後に帰国したか、残留してインドなどに抑留され、かなり数が減ったと思われる。その後軍政を担当した陸海軍▲は、占領地の防衛、軍の自活、戦略物資の後送を主眼に在来の経済体制を再編し、業者を指定して戦時経済の運営につとめた。軍政の要員、開発企業の職員として、一九四二年以後、あらたに多数の日本人が東南アジアに渡ったはずである。しかし日中戦争期の人口統計が継続的には存在しないため、その実態はほとんどわかっていない。

▼**軍政を担当した陸海軍**　アジア太平洋戦争期の東南アジア諸地域の軍政は、香港、フィリピン、マラヤ、スマトラ、ジャワ、英領ボルネオ、ビルマを陸軍が、蘭領ボルネオ、セレベス、モルッカ群島、小スンダ列島、ニューギニア、ビスマルク諸島、グアム島を海軍がおもに担任した。タイ、インドシナは軍政ではなかった。

③——職業と個人史

移民の職業

移民の圧倒的多数は、はじめは労働者として渡航したと思われる。農場労働の契約移民が主で、鉄道、鉱山、漁業、山林などがそれについだ。何年か働いてたくわえをつくり、出稼ぎの目的をはたしたものはかなりあるだろう。運にめぐまれずに挫折することも少なくなかったにちがいない。その場合は帰国の費用もままならず、苦労をかさねたはずだ。しかし、渡航後の移民がどうなったかを示す史料はほとんどなく、成功者の比率などはわからない。

外務省は、在外公館の報告をもとに、在住日本人の職業別人口統計を毎年作成している。これは職業を一〇〇種類以上に細分し、男女別に人数を示した便利な史料である。たとえば一九〇七(明治四十)年のホノルル総領事館管内の日本人人口は七万二〇八六人で、そのうち約八八パーセントにあたる六万三二一三人(男四万七二二七人、女一万五九八六人)が「労働人足」だった。サンフランシスコ管内(カリフォルニア北部、コロラド、ネバダ、ユタ)では農業労働者は「農業」

に入れられ、全人口六万七六〇八人のうち男女合計三万九一七一人である。ほかに「労働人足」が一六四〇人あるのは農業以外の労働者だろう。一九一三(大正二)年になると「耕地労働」という職業名が登場し、ホノルル管内ではこれが八万七五六一人のうち三万五五三〇人(四〇パーセント)になって、農業の比率が急落している。その後もハワイでは日本人の農業労働者の比率は下がりつづけ、一九二八(昭和三)年に三五パーセント、一九三六年に三〇パーセントになる。自営農(「農耕、園芸、畜産」の本業者)は二八年にはすでに三四七五人あり、日本人の地位の上昇がうかがえる。

アメリカ本土も同様の傾向で、サンフランシスコ管内には二八年に五〇四九人の自営農がいた。農業労働者はその二倍弱の九九六三人だったが、ロサンゼルス管内(カリフォルニア南部、アリゾナ、ニューメキシコ)では前者の五八八〇人に対し、後者は三一〇八人にすぎない。

そのほかの場所で単純労働者の数が多いのは、一九〇七年、一九一三年のオーストラリア、一九二〇年のダバオとニューカレドニアなどである。一九二八年のブラジルでは、自営農七九一七人に対して、農業労働者が六七四九人で数が拮抗し、ここでも上昇のあとがみえる。

労働者として働き、またはそれをきらって都市の商店などに勤め、資金をためて商店主などの自営業主に上昇する例はめずらしくない。床屋、洗濯屋、写真館、葬儀屋、僧侶、牧師、医師、歯科医師、弁護士、新聞経営者、記者といった技術職・専門職につく道も開けていた。日本人は一般に器用なので、多少とも技術のいる都市雑業の経営主になるものが多かった。

写真館はそのひとつで、アメリカではそこからハリー・重田、宮武東洋《みやたけとうよう》▲のようなすぐれた写真家が育った。一九三〇年代に活躍したモダニズムの写真家中山岩太《いわた》も、アメリカで学び、ニューヨークにスタジオをかまえていたことがある。一方中国では、写真屋は阿片の密売をかねることが多かったとされる。仕事上薬品をあつかうため、かくれ蓑にしやすかったからである。

日本で職業訓練をおえてから渡航し、移住先で開業するものもあるが、それほど多くはないようだ。ホスト社会で職を身につけたほうが信用をえやすかっただろう。外務省の職業別人口統計にはいろいろ難もあって実証しにくいが、一九二〇年代には小売商、雑業層に自営農をくわえた中間自営層が、各地で移

▼宮武東洋(宮武東洋男)　一八九五～一九七九年。写真家。一九〇九年渡米、カリフォルニア州ロサンゼルスで育つ。戦時中は同州マンザナー収容所に送られるが、写真撮影をゆるされ、貴重な記録を残した。戦後ロサンゼルスで再起、日系社会の長老として敬愛を集めた。

民の中核になったと考えられる。労働移民が原則としてなかった植民地・勢力圏では、はじめからそうだった。

移民活動の本格的開始から二十数年がたち、受けいれ側の制限もゆるかった一九二〇年の統計から特色のある職業をひろうと、シンガポール管内の漁業経営、マラヤ・北ボルネオのゴム栽培業、ダバオの農場経営、フィリピン各地の「木挽《こびき》・大工職」、サーズデイ島の「真珠其《その》他《た》ノ貝類採取業」などがある。トレス海峡の真珠漁場は衰退し、採貝の中心は西オーストラリア州のブルーム付近に移っていたため、そこにも一〇〇〇人をこえる日本人がいた。

また、一九二八年の統計では、北樺太のアレサンドロフスク・サハリンスキーの総領事館とオハ分館の管内に、「採鉱冶金業労働者」など八八一人の日本人がいた。シベリア出兵▲中の北樺太占領によってこの地に進出した日本人が、軍の撤退とひきかえにソ連に認めさせた石炭・石油利権の実現のため、ひきつづき在住しているのである。

▼シベリア出兵　日本がアメリカ、イギリス、フランスと共同で行なったロシア革命への武力干渉。一九一八年にウラジオストックを拠点に極東各地に出兵、兵力は日米協定の一〇倍をこえる七万三〇〇〇人に達した。他国はまもなく撤退したが、日本は二二年まで駐兵を続けた。

娼婦の存在

日本人移民の職業のなかでもっとも特異な存在は娼婦《しょうふ》、いわゆる「からゆきさん」である。外務省分類の「芸妓《げいぎ》、娼妓《しょうぎ》、酌婦《しゃくふ》其他」がそれで、そのほとんどは事実上娼婦だったと考えられる。

娼婦は日本人の移民活動の最初から、むしろそれをリードするように各地に渡っていった。日本は、前渡し金で娼婦を遊郭に拘束する、人身売買同様の封建的公娼制度を第二次大戦後まで維持しており、開国と同時にその娼婦供給のシステムが国外需要を見いだしたのである。貧しい家の娘が、よい出稼ぎの口があると周旋人《しゅうせん》にだまされ、運送業者の船で密航し、現地の妓楼《ぎろう》に売られる、というのがもっとも多いパターンであった。親には前渡し金がはらわれ、娘が仕送りしてくることもあって、困窮した農山漁村にとっては一種の経済行為でもあった。

娼婦の渡航先はロシア極東、朝鮮、満州、中国本土、東南アジア、オセアニアと広範囲におよび、ハワイや南北アメリカに日本人社会が形成されると、そこにも進出した。その状況を世界的に概観する表をみると、遠くはヨーロッパ、アフリカにもおよんでいる(五九ページ)。またアジア各地の娼婦人口の一端は五九ページ下の表で推定できる。しかしこの職業は、当事者が外聞をはばかる面があり、実際の数字はもっと多いと考えられる。

シベリア出兵下の一九二〇(大正九)年、尼港《にこう》事件▲直後のニコライエフスクにも一三人はいたことがわかる。二八(昭和三)年の満州(関東州をのぞく)では、この職業の本業者は二〇五六人となっているが、この数は鉄道従業者、会社員、物品販売業、官公吏についで上位から五番めである。一九二〇年代の中国本土の天津でもつねに上位から四位以上、二五年などは二位をしめた(幸野保典・木村健二「一九二〇年代天津日本人商業会議所の分析」『千葉史学』一一、一九八七年)。

どの民族でも、移住先の社会では、はじめ女子の人口が極端に少ないのがふつうである。ところが日本人の移民社会では、娼婦の存在から、一般に女子のほうが多い現象がみられる。日本人居住者は女子だけという例もままあった。

娼婦には廃業の自由がなく、客がとれるかぎりは原則として妓楼に飼い殺しになるわけである。しかし現地の日本人や原住民、欧米人に身うけされ、法的または事実上の結婚をして、自由の身になることも少なくなかった。そうした

▼尼港事件　シベリア出兵中の一九二〇年、アムール川の河口に近いニコライエフスク・ナ・アムーレでおきた赤色遊撃部隊による日本人殺傷事件。同地の日本軍守備隊約三五〇人は、一月に遊撃隊に包囲され、いったん降伏したが、約三八〇人いた民間人からの義勇隊も加わり三月に蜂起、激しい戦闘を展開、大半は戦死し、一四〇人余りが捕虜として投獄された。遊撃隊は五月にこの地から撤退する際、日本人捕虜を殺害、市街に火を放ちロシア人市民も多数殺傷した。日本はこれにたいして北樺太(サハリン島のロシア・ソ連領部分)を保障占領し、二五年の日ソ国交回復まで駐兵を続けた。尼港はニコライエフスクの漢字表記。

●──「芸妓・娼妓・酌婦其他」の数

	1910年	1916年	1926年	1935年
ロシア極東	631	870	22	0
満州	4,275	2,839	2,114	10,735
関東州	7,928	1,461	—	—
中国本土	1,420	997	1,327	2,063
東南・南アジア	3,745	3,938	789	193
北アメリカ	1,033	350	179	182
南アメリカ	34	5	24	5
ヨーロッパ	29	0	0	0
オセアニア	2	0	3	0
アフリカ	—	—	8	0

注：1910年は「雑業」と「遊芸稼業」の合計。
出典：倉橋正直『北のからゆきさん』共栄書房、1989年、73ページを改編。

●──各地の「芸妓・娼妓・酌婦其他」の数

	1920年		1928年	
	女	男	女	男
満州	2,888	0	2,056	3
中国本土	2,548	0	1,677	5
うち青島地方	1,149	0	564	2
上海管内	—	—	628	0
天津管内	—	—	195	2
南部アジア・大洋州	2,282	0	—	—
うち香港	246	0	—	—
シンガポール	165	0	60	0
マラヤ	971	0	400	0
北ボルネオ	—	—	7	0
スマトラ付近	380	0	—	—
ウラジオストック	428	0	—	—
ニコリスク・ウスリースキー	98	0	—	—
ニコライエフスク・ナ・アムーレ	13	0	—	—

出典：外務省通商局『海外各地在留本邦人職業別人口表』大正9年6月末現在調、昭和3年10月1日現在調から作成。

▼松平忠厚　一八五一～一八八八年。信濃国上田藩主松平忠固の次男。一八六一年分家の塩崎知行所旗本松平家の養子となる。ニューヨークのマンハッタン高架鉄道会社に就職、ブルックリン橋の建造に参加した。八一年ユニオン・パシフィック鉄道会社の技師になり、八四年ペンシルベニア州ブラッドフォード市水道局の主任技師となるが、コロラド州デンバーで没した。

もと娼婦が妓楼主になることもまれでなかった。また欧米人と知りあえば、相手の転住や帰国によって思わぬ土地に住むこともおこりうる。表中のヨーロッパやアフリカの数は、そうした結果とみられる。

海外の日本人妓楼の存在は、国の内外から批判されており、一九二〇年にシンガポール総領事館が管内業者に廃業を行政指導するなど、政府も規制に動きはじめた。その結果娼婦の一部は廃業・帰国したが、とどまって私娼化したものも多い。そのため表中の二八年の数字は、さらに実態から遠いものになっている。

初期の個人史の断面

しかし移民活動の内実は、統計では捨象《しゃしょう》される個々人の生活、苦難、努力の集積である。以下、初期の具体例をいくつかあげよう。

薩摩藩がイギリスに派遣した留学生のひとり長沢鼎《かなえ》は、幕府が崩壊して学資の送金がとまったため、アメリカ人篤志家のすすめで森有礼《ありのり》(後に文相)らとアメリカに移り、学業を続けた。長沢は卒業後もそのままとどまってカリフォルニアに住み、サンタ・ローザの近郊で日米人共同の農場を経営、日系社会の長老になった。上田藩主の弟にあたる松平忠厚《ただあつ》も残留留学生のひとりである。松平は一八七二(明治五)年に渡米、兄忠礼《ただなり》とともにラトガース大学で土木工学をおさめたが、居残ってアメリカ人と結婚したため実家と不和になり、土木技師として生涯をアメリカですごした(飯沼信子『黄金のくさび』郷土出版社、一九九六年)。

佐藤百太郎と新井領一郎・米男

順天堂をおこした医師佐藤尚中の子百太郎《ひゃくたろう》は、一八六七(慶応三)年に商用旅券で渡米して実地に商業を学び、一八七五年、ニューヨークに貿易会社を設立した。佐藤は同年一時帰国し、土佐藩の御用商人から貿易商になった森村市左衛門の弟豊《とよ》、群馬県の製糸家の弟新井領一郎らの実習生をともなって翌年ニューヨークにもどった。森村と新井は協力して日本商品の直輸出を手がけ、とくに新井は生糸を専門にあつかったが、誠実な取引で信用を獲得、ニューヨークの日本人実業家のさきがけになった。コネティカット州グリニッジの高級住宅地リバーサイドには、新井が一八九三年に建てた円塔つきのユニークな邸宅が

▼**森村市左衛門**　一八三九〜一九一九年。一八七五年横浜で森村組をおこし、対米貿易を手がける。翌年弟の豊をアメリカに送り、その意見をうけてアメリカ向け磁器の製造に努力した。九七年森村銀行、一九〇四年白色硬磁製造の日本陶器会社(現ノリタケ)を創設。森村学園の前身である幼稚園、小学校の創立など、教育事業にもつくした。

▼**新井領一郎**　一八五五〜一九三九年。機械製糸を始めアメリカへの輸出をはかる兄星野長太郎の意向で一八七六年渡米、生糸の売りこみと品質向上のため奔走。八一年、長太郎らが設立した生糸の直輸出会社同伸社のニューヨーク支配人。九三年森村市左衛門らの援助で横浜生糸会社、森村・新井商会を設立する。

現存している。

新井の息子の米男《よねお》はハーバード大学を出て父の会社の役員となり、もと岸和《きしわ》田《だ》藩主で、第二次桂内閣の法相をつとめた岡部長職《ながもと》▲の娘盈子《みつこ》と結婚した。米男の妹の美代は明治維新の元勲松方正義の息子正熊《しょうくま》にとついだ。美代の娘春子は第二次大戦後、ハーバード大学教授の日本史家エドウィン・O・ライシャワー（のちの駐日大使）と結婚している。子女ともに華族の家から配偶者を迎えた新井のような例は、移民のなかでは異例である。

しかし、旧来の階層秩序がくずれ、新しく階級の再編がすすんだ明治期の日本では、旧支配層と新興の勲功華族やブルジョワ層の融合がすすんでおり、新井家は、その波が在外日本人社会にもおよんだことの象徴であった。

コミュニストの軌跡

新井米男ら移民二世はアメリカ国籍をもち、第二次大戦期にはアメリカ市民として日本に敵対せざるをえなかった。そのような立場をいっそう主体的にひきうけて生きたのが共産党員である。

▼**岡部長職**　一八五四～一九二五年。和泉国岸和田藩主岡部長発の子。一八七五年私費留学のため渡米、キリスト教徒となり、八三年帰国。八六年イギリス公使館参事官、八八年臨時代理公使、八九年外務次官を歴任し、同年貴族院議員。九七年東京府知事、一九〇八年司法大臣をへて一六年枢密顧問官に就任した。

●—ニューヨークの生糸商、新井領一郎が建てた家(コネティカット州リバーサイド)

●—ニューヨークのアート・ステューデンツ・リーグ　同校は、自由な教育方針でアメリカの現代美術に大きな影響を与えた。国吉康雄、石垣栄太郎、北川民次ら多くの日本人画家もここで学んだ。

芳賀武

第二期の渡航者である芳賀武《はがたけし》は、呼びよせハワイ移民、本土転航、多彩な職歴、積極的な前進志向と民主主義の体得、戦時の拘留、対日戦争協力など、アメリカ移民が各個に直面した歴史的経験を一身に体現しており、個人史から移民史を見るのにうってつけの人物であろう。

芳賀は一九〇〇(明治三十三)年山梨県に生まれ、渡航制限の日米紳士協定がかわされた一九〇七年にハワイに渡った父の家族として、一九一七(大正六)年に渡航した。日雇い労働や『布哇報知』のボーイ、楽器店の店員などをしながら金をためた。来訪した安部磯雄《いそお》の講演で社会主義に関心をもち、一九二〇年の甘蔗農場の争議を支援した。本土に渡り、できれば東部で社会主義と声楽を学びたいと考え、一九二三年サンフランシスコに渡った。転航許可がおりたのは、ハワイの移民局長と親しい『布哇報知』社長牧野金三郎のおかげであった。

カリフォルニアでは日本人の花卉《かき》農家やアメリカ人の甜菜《てんさい》農場で季節労働者として働き、サンフランシスコの同郷人の洗濯屋に勤めた。働きながら夜学で商業、商業英語を学び、一〇〇〇ドルをためて一九二七(昭和二)年ニューヨー

▼**布哇**　ハワイの漢字表記。

▼**美以教会**　メソジスト教会の中国語表記「美以美会《メイイーメイホイ》」をかりた名称。

▼**片山潜**　一八五九〜一九三三年。一八八四年渡米。九五年帰国。キリスト教社会主義者として社会運動・労働運動に従事。九八年社会主義研究会、一九〇一年社会民主党(即日禁止)の結成に参加。一四年渡米して在米日本人の社会主義運動・労働運動を組織、アメリカ共産党の結成に加わる。二二年モスクワに移り、日本共産党の結成を指導、コミンテルン執行委員会幹部会員となる。

クに出た。そして日本人美以教会▲の宿舎に居をさだめ、のちには教会の幹事になって、さまざまな職で生活費をかせぎながら、勉学と趣味の声楽レッスンに多忙な日々を送ることになった。

一九一七年、片山潜《せん》▲ら在米日本人はニューヨークに社会主義研究会を組織し、一九〇九年に渡米して画家をこころざしていた石垣栄太郎《えいたろう》▲もこれに参加した。二一年にアメリカ共産党が創立されると、研究会は共産党日本人部になった。一九二九年には共産党の影響下にニューヨークで日本人労働者クラブが結成され、労働者の組織化にとりくんでいた。おりからの大恐慌で日本人移民も経済困難におちいり、満州事変以後は対日感情が急速に悪化するなかにいた。総領事館のきもいりで映画会、講演会などの国策宣伝の催しが開かれ、一九三三年の国際連盟脱退前後をピークに日本人社会の国家主義への傾斜が強まった。中国人や親中派アメリカ人の活動も活発化した。反戦活動家石垣綾子《あやこ》▲(栄太郎の妻)は親中派の活動に協力していた。

そうしたなかで、一九三五年、芳賀は思いがけず横浜正金銀行ニューヨーク支店の秘書係補佐に採用された。そして一九三七年には共産党の労働者学校に

▼**石垣栄太郎**　一八九三〜一九五八年。一九〇九年渡米、サンフランシスコで働きながら州立美術学校に学ぶ。ニューヨークで美術工芸スタジオの職人となり、アート・ステューデンツ・リーグの学校でジョン・スローンに師事。二六年「鞭打つ」で画家として認められる。四九年、マッカーシズムによりFBIの尋問をうけ、五一年逮捕、国外退去となり帰国した。

▼**石垣綾子**　一九〇三〜一九九六年。一九二六年渡米、猪俣津南雄の紹介で石垣栄太郎をたずね、二九年結婚。反ファシズムの言論活動を続け、四〇年『憩いなき波』を刊行、これをパール・バックが評価し、以後親交を結ぶ。戦中は夫と戦時情報局の対日工作に協力し、五一年、国外退去となった夫とともに帰国、女性問題を中心に評論家として活躍した。

通いはじめ、石垣夫妻とも親密になった。翌年共産党に入党し、統一戦線の方針にもとづいた反ファッショ活動にたずさわるようになった。予想される日米戦争に際して反枢軸《すうじく》の日系人組織が必要と考え、一九四一年、日米民主委員会の設立に参加した。

　同年十二月、日米開戦と同時に連邦捜査局（ＦＢＩ）に拘引されて査問をうけるが、四カ月後に釈放され、忠誠日系人の立場をアメリカ社会につたえ、戦時公共事業への協力をとりまとめる民主委員会の活動に従事した。四二年西部の日系人が強制収容され、日本語新聞が廃刊になると、後日にそなえて同志と活字を買いとった。これは民主委員会が、前駐日大使ジョゼフ・Ｃ・グルー▲が帰国後すぐ出した『日本より帰りて』を日本人のために翻訳・出版したり、機関紙『紐育▲時事』を発行するのに活用された。四三年に強制収容政策が緩和されると、収容所を出て東部に転住してくる日系人がふえ、民主委員会は日本人救援のためのニューヨーク教会委員会などとニューヨーク市日系人転住協議会を組織し、転住者の定住に協力した。

　一方、芳賀は同年、戦略事務局（ＯＳＳ）の諜報活動に協力をもとめられ、日

▼**ジョゼフ・Ｃ・グルー**　一八八〇～一九六五年。アメリカの外交官。一九三二年六月駐日大使となり、アジア太平洋戦争開戦まで九年半在任した。平和的な対日政策を本国に主張しつづけ、「親日派」と目された。四二年交換船で帰国し、国務長官補佐官、四四年国務次官となり、戦後の対日政策の立案に主導権を発揮、天皇制の存続につくした。

▼**紐育**　ニューヨークの漢字表記。

▼**国吉康雄**　一八八九～一九五三年。一九〇六年、岡山県立工業学校を中退し渡米、一六年アート・ステューデンツ・リーグに入学。三三年から同校で後進を指導。三七年アメリカ美術家協会展覧会委員長、のち副議長。四二年戦時情報局の仕事に従事、四四年には日系アメリカ人美術家協議会の結成に加わり、対日批判活動を行なう。二十世紀アメリカ絵画を代表する画家のひとり。

本人スタッフを集めた。対日宣伝機関としてはすでに戦時情報局(ＯＷＩ)があり、石垣や画家の国吉康雄《くによしやすお》、▲八島太郎《やしまたろう》などが協力していたが、ＯＳＳは秘密組織で、日本国内の情報攪乱を担当した。芳賀は、強制収容されるまでロサンゼルスで反ファッショ紙『同胞《どうほう》』を出していた共産党員藤井周而《しゅうじ》らをこれに組織した。藤井などスタッフの一部は四五年六月中国の昆明に派遣された。芳賀自身はＯＳＳをやめ、戦後の在米日本人社会に必要な商業紙の発刊準備をすすめた。そして四五年六月に北米新報社を設立、同年十一月、『北米新報』(のち『ニューヨーク日米新聞』)の創刊号を出した。

戦後日本にもどった芳賀は、『紐育ラプソディ』(朝日新聞社、一九八五年)をはじめ達意の自伝を何冊も書き、アメリカ移民の研究に貢献している。

カール・ヨネダ

同じくアメリカ共産党員で、芳賀より六歳下のカール・ヨネダは、西海岸で長く労働運動の第一線で活躍したのち、強制収容所から軍情報部に志願して従軍するなど、芳賀とは異なる道をあゆんだ。

ヨネダの父は広島県出身で、ハワイの甘蔗農場から本土に転住し、カリフォルニアで農業をしていた。ヨネダは一九〇六年、アメリカ国籍をもつ二世としてそこで生まれた。しかし父が病気になり、一九一三年カールをつれて帰国したので、初等教育は日本でうけた。中学を中退して労働運動の世界にとびこんだが、徴兵を逃れるため、いわゆる帰米二世として一九二六年アメリカに渡った。そして▲羅府日本人労働協会に加わり、翌年共産党に入党した。以後、農場、港湾、缶詰工場などで働きながら労働組合運動に献身し、産業別労働組合の組織化につとめた。その間一九三三年には日本人労働協会の機関紙『在米労働新聞』の主筆となり、三六年に国際労働者救援会書記のエレイン・ブラックと結婚した。

一九四二年カリフォルニア州マンザナー収容所に送られ、自治組織の設立、新聞の発行、収容者の所外就労などにつくすが、年末に軍情報部隊に志願し、訓練ののち下士官になり、ビルマ戦線の前線や昆明で日本軍への宣伝や投降勧告に従事した。自伝に田中美智子・礼蔵訳『がんばって』(大月書店、一九八四年)がある。また戦後は在米日本人の労働運動史の研究にうちこみ、『在米日本人労働者の歴史』(新日本新書、一九六七年)をあらわした。

▼**羅府**　ロサンゼルスの漢字表記。

▼**小圃千浦**　一八八五〜一九七五年。本名は蔵六。一九〇二年、一七歳で日本美術院会員となる。翌年渡米、サンフランシスコに住む。二七年カリフォルニア州のヨセミテ渓谷をおとずれて霊感をうけ、幻想的な風景画の個展を開催。戦時中はタンフォラン集結所をへてユタ州トパーズ収容所に収容された。四三年国粋派に襲撃され、当局のはからいで出所、戦後カリフォルニア大教授に復帰した。

多彩な移民群像

以上の例でもうかがえるように、移民として異郷に苦労をかさね、ホスト社会と渡りあい、それぞれの道で名をなした人々には個性的な人物が多い。さまざまな分野にわたるそれらの例を見てゆこう。

アメリカで育った美術家たち

さきにのべた画家の国吉康雄や石垣栄太郎は、十九世紀の末に生まれて一九〇〇年代に渡米、苦学して絵を学び、独自な画風でアメリカ現代美術界をゆたかにした。同時代にアメリカで制作した美術家には、画家に小圃《おばた》千浦《ちうら》▲、清水登之《とし》、彫刻家に川村吾蔵《ごぞう》▲などもいる。一九〇〇年代にアメリカで生まれた彫刻家イサム・ノグチ▲、画家野田英夫《ひでお》は、少年時代を日本ですごした帰米二世である。

牧野金三郎

『布哇報知』の牧野金三郎は一八七七(明治十)年生まれ、父はイギリス人の貿易商である。ハワイ島で商店を経営する兄をたよって一八九九年に渡航、製糖会社の事務員などをへてホノルルに移り、薬局を開いた。妻は第一回官約移民

▼**川村吾蔵**　一八八四〜一九五〇年。一九〇四年渡米、〇六年彫刻家ロバート・T・ペインの助手になり、立体拡大器の改良に貢献。肖像をよくし、二二年、国吉康雄、石垣栄太郎らニューヨーク在住日本人美術家と「画彫会」を結成した。四〇年帰国、戦後は占領軍の意向で将校の肖像を制作した。写真は「野口英世博士像」(一九三九年)。

▼**イサム・ノグチ**　一九〇四〜一九八八年。詩人野口米次郎、作家レオニー・ギルモアの子としてロサンゼルスに生まれる。一九〇六年両親と日本に移るが、一八年帰米。抽象彫刻、舞台美術、装飾美術などで多面的に活躍した。

の娘である。一九〇九年にオアフ島でおきた甘蔗農場労働者のストライキのときは、支援組織の先頭にたち、投獄されている。この経験から、日本人の立場をホスト社会に主張できる新聞の発行をめざし、『布哇報知』を創刊した。

牧野はその後も日本人の権利の拡張のため、法廷闘争を含むさまざまな活動を行なって、一九五三(昭和二十八)年に世をさった。

岩崎治郎吉・田鶴子

一八六七(慶応三)年生まれの福井県人岩崎治郎吉《じろきち》は、東京の砂糖商に奉公し、ハワイ糖業の隆盛を耳にしてその直輸入を思いたち、一八九三年に単身渡航した。輸入の願いはかなわなかったが、ハワイ島東部のオウラーの開発にかかわり、一八九九年、同島最大の製糖農場になるオウラー・プランテイションが設立されるとその耕作請負人になった。会社所有の特定の農地について、農作業を年ごとに契約で請け負う仕事である。同社はすべての耕種の一貫請負制を導入し、複数の請負人と契約したが、岩崎はつねにその筆頭で、多数の日本人を雇用する労働者キャンプを運営し、二十世紀初頭にはハワイ移民きっての成功者と目されるようになった。磊落《らいらく》でめんどう見がよく、人づかいにたけ、会社側の支配人の信用をえたためである。

一九一五(大正四)年妻に先だたれ、一八年に郷里から後妻の田鶴子《たづこ》を迎えたが、その翌年、岩崎は病気で急死してしまう。やむなく夫の仕事をついだ田鶴子は、八人の遺児を育てながら、前後に例のない女請負人として奮闘した。一九二〇年代には日本人の移民が事実上終了し、岩崎キャンプもフィリピン人労働者への依存を強めるなど、経営環境は夫の代とは激変した。農場の合理化・機械化で、請負人の役割も年々縮小していった。その結果一九三六年にはキャンプの不動産を会社にあけわたし、ヒロに引退した。斜陽化のなかで一五年間亡夫の事業をまもり、子どもたちを独立させた田鶴子の半生は、女傑というにふさわしい。二人の生涯は、ドウス昌代が生き生きと描いている。

渡辺儀平・トミ

一八九七年に福島県に生まれた渡辺儀平《ぎへい》は、第二回移民として一九一〇年にブラジルに渡った。まもなく農場から脱出して苦学のすえ商業学校を卒業、公認会計士として貿易会社に勤務した。のちサンパウロに会計事務所を開き、多くの日系企業を顧客にした。かたわら雑誌『商工業者の友』を発刊して、日本人の商工知識の向上につとめ、一九四〇年サンパウロ日本商業会議所の創設で専務理事に就任した。労働移民から出発した典型的な成功者といえよう。

渡辺は一九二八年に池上トミと結婚するが、トミは夫にもまして波乱の人生をあゆんでいる。一九〇〇年鹿児島県の生まれだが、幼いとき鰹節製造販売業の父が破産し、まもなく母をうしなった。父方の叔母が第一回笠戸丸移民でブラジルに行っていたので、第三回ブラジル移民に応募した知人に養女の名目で同行、一九一二年渡伯した。フランス系ブラジル人医師の家に住みこみ奉公をすることになったが、そこで実子同様に迎えられ、端正なポルトガル語と上流ブラジル人の教養を身につけ、洗礼をうけた。神父に見こまれて教会の仕事も手伝った。

結婚後も教会で奉仕活動をしたが、アジア太平洋戦争で多くの日本人が収容されると、大司教の協力のもとに聖市▲カトリック日本人救済会をつくり、その中心になった。救援の対象は収容者のほか、立ち退き指示をうけたもの、孤児、密通による嬰児《えいじ》などにもおよんだ。救済会は戦後も活動を続けたが、一九五二年の夫の事故死をのりこえてブラジルに帰化したトミは、いっそう熱心に事業

▼聖市　サンパウロの漢字表記。

●──半田知雄画「親と子の肖像」

にはげんだ。一九五八年にはサンパウロ郊外に日本人の老人ホームを開設し、日系高齢者を世話した。一九九六(平成八)年に九五歳の生涯をおえたが、洗礼名のドナ・マルガリーダの敬称で人々に敬慕されている。

半田知雄

一九〇六年生まれの栃木県人半田知雄《ともお》は、一七年に両親とともにブラジルに移住し、コーヒー農場などで労働に従事した。その後サンパウロに出て、働きながらポルトガル語と美術を学び、一九三五年サンパウロ美術研究会を創設、画家としての道をあゆんだが、生活は楽ではなかった。戦後はブラジル移民史の研究にうちこみ、サンパウロ人文科学研究所(ポルトガル語では日伯研究センター)の設立にかかわったほか、大著『移民の生活の歴史』(同研究所、一九七〇年)や『ブラジル日本移民史年表』(同、一九七六年)をあらわした。

太田恭三郎

「ダバオの父」とよばれた太田恭三郎は、一八七六年兵庫県に生まれ、東京高等商業学校を中退し、南方に志をたてて一九〇一年にフィリピンのマニラに渡った。フィリピンは米西戦争でアメリカが獲得したばかりで建設ブームにわいており、太田は神戸で貿易商をしていた兄をとおして日本の食品や雑貨の輸入・販売業を始めた。ベンゲット道路の工事の際現場に店を開いて成功し、労働者のダバオ転住をすすめ、〇五年自分も同地に移住して太田商店を開いた。のちマニラ麻の栽培のため〇七年に太田興業を設立、しだいに事業を多角化させたが、一九一七年、四二歳の若さで病死した。

西村竹四郎

一八七一年福岡県に生まれた西村竹四郎は、東京帝国大学を卒業して一九〇二年シンガポールで医院を開業、住民の多数をしめる華人の信用をえた。〇七年には患者はほとんど華人になり、一日平均三、四十人を診るようになった。亡命中の孫文と親交を結び、書をよくする一方、鉱山への投資などもこころみている。本業のほうも、一九二〇年代末には職員、家族、家事使用人あわせて二四人の大所帯に発展した。山東問題に端を発する一九一九年の反日運動では患者が減って経営が苦しくなり、二八年には妻に急死されるなどの逆境にもみまわれた。三四年にはシンガポール日本人会長におされ、一九四二年二月、日本軍のシンガポール攻撃中に死去するまでその地位にあった。

▼**浅川伯教**　一八八四〜一九六四年。小学校教員・朝鮮民芸研究家。朝鮮の民芸にひかれて一九一三年京城に移り、陶磁器を中心に民芸を深く研究、柳宗悦らと親交を結んだ。二四年弟巧、柳らと朝鮮民族美術館を開設した。

▼**浅川巧**　一八九一〜一九三一年。山林技師・朝鮮民芸研究家。浅川伯教の弟。一九一四年、兄を追って朝鮮に渡り、積極的に朝鮮語を学び、朝鮮の生活慣習を尊重する一方、兄を助け、自分も陶磁器など民芸の研究をすすめた。浅川兄弟の伝記には、高崎宗司『朝鮮の土になった日本人』(草風館、一九八二年、増補新版、一九九八年)、中村高志『木履の人』(山梨日日新聞社、一九八八年)がある。

朝鮮・満州・中国本土

植民地・勢力圏への移民の場合、日本人は国威を背景に他民族にのぞみがちで、ホスト社会との摩擦の緩和やそれへの融合をはかるより、むしろ排外的な行動をとるのが一般的だった。他民族に信用され、文化面でもすぐれた業績を残した人物はきわめて少ない。

そうしたなかで、総督府の同化主義教育に批判的で、朝鮮人児童にしたわれ、慶尚南道の小学校長のとき教員資格をうばわれた上甲《じょうこう》米太郎、朝鮮民芸の研究と紹介につくした浅川伯教《のりたか》▲と巧《たくみ》▲の兄弟、一九二〇年代に大連で事業活動を始め、日本・東洋の美術品を収集、戦後そのコレクションをソ連軍にひきわたして居留民の救援につくした大連商工会議所会頭首藤定《しゅどうさだむ》▲、誠実な商売と洒脱な人がらで中国人の信用をえ、魯迅《ろじん》をはじめ多くの人脈をつちかった上海の書店主内山完造《かんぞう》▲、北京でキリスト教教育の崇貞《すうてい》学園や社会事業団体をおこした清水安三《やすぞう》▲などは、記憶されるべき少数の例外である。

▼**首藤定**　一八九〇～一九五九年。満州で各種の事業を手がけた。その間美術品の収集を行ない、美術館の建設を準備。一九四六年、収蔵品の一部をソ連軍司令部に提供、関東軍の備蓄穀物一〇〇トンの払い下げをうけ、困窮する日本人に無償または安価で配給した。

▼**内山完造**　一八八五～一九五九年。一九一三年、目薬の行商のため中国に渡る。上海に内山書店を開き、日中の文人の愛顧をうけ、魯迅、郭沫若《かくまつじゃく》らと親交を結んだ。四七年帰国後は日中友好運動につくし、五二年日中友好協会の設立に尽力した。

▼**清水安三**　一八九一～一九八八年。一九二〇年北京に崇貞学園を設立。アメリカに留学し、二六年オウバレン大学を卒業、中国に戻り教育と社会事業にとりくむ。四六年帰国、東京に留学先の大学名にちなむ桜美林高校を創設した。

④―地域・民族・国際関係

移民をめぐる思想と組織

移民活動の初期には、榎本武揚が外務卿だった時期をのぞいて、政府は移民に消極的だったが、民間でははやくから移民論がとなえられ、さまざまな団体が生まれた。

初期の移民論者の著作としては、武藤山治《さんじ》▲『米国移住論』(一八八七〈明治二十〉年)、志賀重昂《しげたか》▲『南洋時事』(一八八七年)、奥宮健之《おくのみやけんし》▲『北米移住論』(一九〇三年)、大河平隆光『日本移民論』(一九〇五年)、青柳綱《あおやぎつな》太郎《たろう》(南溟《なんめい》)『韓国殖民策』(一九〇八年)などがある。新聞や雑誌でも移民の必要性はつねに主張された。移民の実情をつたえる書籍や渡航の実用手引き書も続々と刊行された。

団体のおもなものは、東邦協会(一八九一年、会頭副島種臣《そえじまたねおみ》)、殖民協会(一八九三年、会長榎本武揚)、台湾協会(一八九八年、会頭桂《かつら》太郎)、東亜同文会(一八九八年、会長近衛《このえ》篤麿《あつまろ》)、朝鮮協会(一九〇二年、会長島津忠済《ただなり》)などである。これらは有力な政治家や実業家を役員とし、おもに世論の啓発や海外事情の調査を行な

▼**武藤山治**　一八六七〜一九三四年。一八八五年渡米、八七年帰国。一九二一年鐘淵紡績社長。労資協調の温情主義的経営で会社を大きく発展させた。二四年衆議院議員。三二年政界から引退して時事新報社の再建を手がけるが、失業中の暴漢に狙撃されて死去。

▼**志賀重昂**　一八六三〜一九二七年。国粋的地理啓蒙家・移民論者。一八八六年軍艦に便乗して太平洋諸島を巡遊、『南洋時事』をあらわす。九四年の『日本風景論』では日本の地理・地形の特徴を賛美し、登山を奨励した。

▼**奥宮健之**　一八五七〜一九一一年。社会運動家。一八八一年自由党に入党、翌年人力車夫を組織して車会党を結成。九七年特赦後、幸徳秋水らと親交を結んだ。一九一〇年大逆事件で検挙、幸徳に爆弾の製造法を教えたとして死刑判決をうけ、処刑された。

▼**島貫兵太夫**　一八六六〜一九一三年。キリスト教社会運動家。救貧と伝道による「霊肉救済」という独特のキリスト教理解にいたり、一八九二年「東北救世軍」を名のって各地を巡回布教。九五年日本橋の教会の牧師となり、雑誌『救世』を創刊。九七年救世軍の伝道に随行したのを機に、一八九七年東京労働会（のち日本力行会と改称）を創始した。

った。対照的に、民間の少壮実践家による移民送出組織として注目されるのが、日本力行会《りっこうかい》と渡米協会である。

前者は牧師島貫兵《しまぬきひょう》太《だ》夫《ゆう》▲が、苦学生の救済をこころざしてアメリカを視察し、一八九七年に創設した。力行会は島貫の『最近渡米策』（一九〇四年）など多数の出版を行ない、一九〇六年には雑誌『渡米新報』を創刊、移住者の状況や渡航の実務知識を紹介した。後者は、一八八四年に渡米して一二年間の苦学のすえ大学をおえた社会運動家片山潜が一九〇二年に設立し、片山の渡米手引きや、雑誌『社会主義』を改題した『渡米雑誌』（さらに『亜米利加』と改称）を刊行した。前述のように、片山はのちに再度アメリカに渡り、日本人の労働運動を指導した。

労働移民はおもに移民周旋人や移民会社の手で送られたが、苦学生移民はこれら非営利の民間組織をつうじて渡米した例が多い。とくに力行会は、渡航者のための学校を設立し、女子を含む移民の素質向上につとめたこと、のちに移住先をブラジルなどに多角化させたこと、移住地での会員の結束がかたく、本部ともよく連絡をたもったこと、基本的な性格をかえずに長期に活動し、現在も存続していることなど、日本の移民史のなかで特筆すべき組織である。

非営利の移民援護組織としては、第一期のはじめに渡米した青年が、一八七七年サンフランシスコに設立した福音会《ふくいんかい》も重要である。福音会は美山貫一を中心に、メソディスト教会の宣教師の協力で集会を続けながら、新来者に宿泊所を提供し、仕事を斡旋するなどの奉仕活動を行なった。八六年には福音会は日本人美以教会に改組され、援護活動の規模も拡大した。中下層移民の定着と向上にはたした福音会の役割は大きい。メソディスト教会は、ニューヨークでも日本人移民の援護に熱心だった。

営利的な移民送出は、移民・密航の周旋人による労働者や娼婦の送出に始まるが、その実態はあきらかでない。横浜や神戸には移民相手の旅館があり、周旋人や船会社の代理人、医務官などと組んで、移民を食いものにしたといわれ、移民の手引き書にはそれへの注意がよく載っている。サンフランシスコ、タコマなど上陸港にも働き口を世話する周旋人・紹介業(桂庵)があり、悪質なものも多かった。周旋人には民権派くずれが少なくなかった。

ついで第二期には、移民の送出を事業とする移民会社が生まれた。日本で最初の移民会社は一八九一年に設立され、ハワイ官約移民が終了して移民事業が民間に開放されると、大小の移民会社が簇生《そうせい》した。海外進出論者や地方の名望家などが出資することが多かったが、経営基盤が弱く、募集を周旋人にたよるなど、旧来の体質もひきついでおり、しばしば問題をおこした。一八九一年から一九〇八年までに、大小五二の移民会社が送出した人数はのべ一五万一一四六人にのぼっている(A・モリヤマ『日米移民史学』PMC出版、一九八八年)。

▼永田稠　日本力行会第二代会長。海外学校の開設、ブラジル移住地の建設などを進める一方、旺盛な言論活動で植民思想の普及に努めた。

長野県と移民活動

　島貫兵太夫は一九一三(大正二)年に死去し、永田稠《しげし》▲が日本力行会の会長をついだ。永田は一八八一(明治十四)年長野県の農家に生まれ、実科中学を卒業後、代用教員をへて早稲田大学に学ぶが中退、一年志願兵で見習士官となり、日露戦争に少尉で従軍、除隊して北海道農事試験場で農業を実習した。場長の厚意で渡航費をかりて上京、力行会で渡米準備をするうち、島貫の信用をえた。一九〇八年サンフランシスコに渡り、日本人経営の花卉《かき》農場などで働き、のち日米新聞社の雑誌『北米農報』の経営たてなおしを行ない、同誌を核に北米日本人中央農会を創設した。その間島貫のすすめで会員の神宮くら子と結婚したが、死期をさとった島貫の遺言をうけ、力行会の第二代会長となるため一九一四年帰国した。

永田は島貫の残した債務を整理して本部を移し、長野県出身で当時東京高等師範学校の教授をしていた伊藤長七(のち東京府立第五中学校校長)の尽力で、文部次官から東北・京都両帝大の総長をつとめた長野県人沢柳政太郎《さわやなぎまさたろう》、東京帝大教授新渡戸稲造《にとべいなぞう》▲などを顧問に迎え、また片倉兼太郎《かたくらかねたろう》▲、今井五介《ごすけ》▲、小川平吉▲ら同郷の政財界人の知己をえた。これらの人脈が永田のその後の活動をささえてゆく。新渡戸は、関係する日本移民協会(一九一四年設立)が横浜に設立した簡易移民訓練所の運営を永田にまかせ、片倉らは、本部が手ぜまになって、一九二六(昭和元)年東京府北豊島郡板橋町(現、東京都板橋区)の現在地に移転したとき、多額の寄付を集めた。

この間、長野県の教育関係者の組織信濃教育会▲は、一九一五年の総会で海外発展主義教育の実践をかかげた。永田は更級《さらしな》郡の視学中村国穂《くにほ》らによばれ、県下各地の学校で翌年にかけて二五〇回あまりの講演を行ない、海外移住の意義をといた。それだけが原因ではないだろうが、一九一六年まで毎年二桁台だっ

▼新渡戸稲造　一八六二〜一九三三年。一九一四年東京帝大教授となり、植民政策講座を担当。一九年国際連盟事務次長。平和主義の言論活動を続けたが、強国の植民地支配には肯定的だった。

▼片倉兼太郎　一八六二〜一九三四年。本名佐一。兄兼太郎のおこした機械製糸業片倉組をつぎ、二代兼太郎を襲名、一九二〇年片倉製糸紡績を創始。

▼今井五介　一八五九〜一九四六年。片倉財閥の中心人物。初代片倉兼太郎の弟、二代兼太郎の兄。一八九五年片倉組の結成に参加し、同社の経営の近代化に努め、一九二〇年片倉製糸紡績副社長、のち社長。地元長野県にも貢献した。

▼小川平吉　一八六九〜一九四二年。一九〇一年東亜同文書院の創設に参加、〇三年から衆議院議員に当選一〇回。鉄道大臣在任中の収賄事件で起訴され、三六年有罪確定、政界をしりぞいた。

た同県の海外渡航者は、一九一七年に三六九人、一八年には七二〇人に急増した。ほとんどはブラジル、それもイグアペ植民地への入植者だった(信濃教育会編『南米ブラジルに雄飛せる長野県人』同会、一九一九年)。一九二〇年、永田は南米各地を旅行し、力行会員をはじめ日本人の状況を視察、翌年『南米一巡』、『南米日本人写真帖』を同会から発行、世評を博した。

こうした気運をうけ、二二年一月、県当局と民間が協力して信濃海外協会が設立され、県出身の移民ジャーナリストで、レジストロ植民地への県民入植を斡旋した輪湖俊午郎《わこしゅんごろう》が実務をとった。県単位の移民団体としては、熊本、広島(一九一五年)、山口、和歌山(一九一八年)など西日本の移民先進地につぎ、沖縄とならんで全国六番めである。

同年長野県知事になった本間利雄は、南米移住地の建設を政策課題とし、翌年から信濃海外協会は力行会の協力をえてその実現にあたることになった。輪湖の奔走でサンパウロ州にまとまった土地が見つかり、一九二四年にそれを購入して、信濃海外協会のアリアンサ第一移住地が発足した。本間の後任知事、梅谷光貞のときである。移住地は分割して全国に売りだされたが、完売したた

▼**信濃教育会**　長野県では、師範学校・小学校の教員や郡の教育担当者が一八八四年、長野教育談会を自発的に組織していたが、県学務課の主導下に談会を拡大改組、八六年信濃教育会が発足した。全県の教育関係者の団体として研究・啓蒙活動を行なった。他府県の教育会組織に比べて結束と統制がかたく、現在まで同一の名称で活動している。信濃海外協会の移民活動に協力したほか、満州農業移民を積極的に推進し、とくに学齢の青少年による義勇隊移民の募集・送出に大きな役割をはたした。

め、海外協会はのちに鳥取県、さらに富山県の海外協会と土地の共同購入を行ない、第二、第三アリアンサ移住地を建設した。

移民の後進地だった長野県では、官民有力者と力行会とが永田を核に結びついて、移民史の第四期のはじめに有力な移民県に変化し、後半の戦時国策移民期には全国一の満州移民送出県になってゆくのである。

摩擦と対立

ある民族の居住空間にべつの民族がまとまって流入する以上、移民活動には摩擦と対立がつきものである。

ハワイや北アメリカでは、ホスト社会自体がおもにヨーロッパの移民(いわゆる白人。人種としてはコーカソイド)で構成され、アングロ・サクソンを頂点とする複雑な民族格差があった。一般に西・北欧の民族が優位にたち、ケルト、ユダヤ、南欧系がそれにつぎ、東欧民族は下層に位置づけられた。アジア系(モンゴロイド)の地位は黒人(ネグロイド)とならんでいっそうひくかった。

初期の中国人・日本人労働者は、まずその風姿や習俗に違和感をもたれた。

●—宮城県出身の佐藤謙治が農園経営のかたわら開業した和風ホテル(ブラジル、サンパウロ州ビリグイ)
写真は3点とも『南米日本人写真帖』より

●—リマの貿易商、富田商会の店頭

●—リマの自動車タイヤ商、野沢商店
主人の野沢広は福井県出身。

▼**黄禍論**　コーカソイド（いわゆる白色人種）の優越性がモンゴロイド（いわゆる黄色人種）の台頭で脅かされるとする近代欧米の人種主義的思潮。ドイツ皇帝ヴィルヘルム二世がとなえて有名になる。日露戦争での日本の勝利とその後の大国化で現実味を増した。

低賃金で働く移民の増加は白人の労働者を経済的におびやかし、移民社会の成長とその高い出生率は心理的にも白人の警戒感をよんだ。中国人が排斥されたあと、警戒の対象はおもに日本人になった。日露戦争の勝利は日本の国際的地位を向上させたが、他方では黄禍論《こうかろん》▲も台頭させ、日本人への警戒はしばしば敵意に高まった。

一九〇六（明治三十九）年十月、白人労働者の利害を代表する組合労働党の勢力下にあったサンフランシスコ市当局は、同年四月の大地震で教室がたりないという口実で、アジア人児童を指定の学校に移す決定をし、カリフォルニア州もそれを支持した。対日関係の悪化をおそれた連邦政府の介入が市と州の反発を招いたため、政府は日本から移民制限の約束をとりつけることで地元の沈静化をはかった。その結果〇七年から翌年にかけて成立したのがいわゆる日米紳士協定である。この協定で、アメリカは日本人に対する差別的な立法をしないかわりに、日本側は、再渡航者や在住者の妻子をのぞいてアメリカ本土への労働移民の旅券を交付しないことになった。市当局もそれをうけて決定をとりけした。

サンフランシスコの事件のうらには、一九〇五年に設立され、労働運動と結びついた日韓人排斥同盟（〇七年アジア人排斥同盟に改称）の運動があった。同盟は各地に支部をひろげ、〇七年にはカナダのバンクーバーにも支部ができた。同年九月七日、同支部の集会・デモの参加者の一部が暴徒化し、中国人街と日本人街をおそい、商店などを破壊した。死者は出ず、負傷者もわずかだったので、事件そのものはカナダ連邦政府の機敏な賠償で落着したが、カナダ側は労働大臣ロドルフ・ルミューを日本に派遣して、移民制限交渉を行なわせた。その結果〇七年十一月、いわゆるルミュー協約が結ばれた。この協約は日米紳士協定よりも制限がゆるく、契約移民の入国を排除していなかった。しかしそれ以後カナダ移民は減少に転じている。

労働移民は、民族差別をうけると同時に、雇用主から搾取される立場にあった。賃金、労働時間などの労働条件は一般に劣悪で、契約労働でも、就労してみると事前の話とちがうことがしばしばだった。そのため逃亡する労働移民があとをたたなかった。初期の移民は契約の観念に乏しく、契約書を読む能力にもかけ、交渉して待遇を改善する道はとざされていた。しかし第三期になると、

▼一九〇九年のストライキ　ハワイの甘蔗農園で働く日本人労働者は、一九〇九年、民族差別的賃金制度の撤廃をもとめてストライキを行なった。

移民労働者のあいだにも労働運動がひろがり、団体交渉やストライキが行なわれるようになる。一九〇九年と一九二〇(大正九)年には、ハワイのオアフ島で甘蔗農場労働者の大規模なストライキ▲がおきた。

アメリカ人が所有するハワイ製糖業は、甘蔗を栽培し、工場で粗糖にして本土に移出するものであり、農場労働者のほか、その監督、熟練技術労働者、技師、資本家の代理をつとめる支配人など多数の職種を雇用していた。一般労働者は圧倒的に日本人だったが、その団結をおそれて朝鮮人やフィリピン人、プエルトリコ人も導入され、監督はほとんどポルトガル人、技術者はドイツ系が多い、というぐあいに民族と階級の構成が複雑だった。朝鮮人は一九〇四〜〇五年に集中的にハワイに導入され、この二年間で六七七六人に達している(チェ・ヨンホ、阿萬実枝子訳「ハワイの朝鮮人移民」『季刊三千里』一九、一九七九年)。

こうした複雑な分断社会のなかで、ストライキはハワイ日本人社会の同情と支持を集め、オアフ島以外の日本人労働者の支援のもとに行なわれた。一九二〇年のストでは、一時フィリピン人労働者との具体的な連帯もみられた。ハワイの政財界をにぎる製糖資本の力は強大で、ストはいずれも敗北におわったが、糖業の好況もあって労働条件は早晩改善の方向をたどった（布哇労働聯盟『一九二〇年度布哇製糖耕地労働運動史・前編』一九二一年）。

しかし、支配人の通訳、前述の岩崎治郎吉のような請負人、保守的でことなかれ主義の在住民や領事館など、ストに批判的・対立的な立場の日本人もあり、新聞の論戦が象徴する日本人社会の分裂、会社側日本人へのテロといった現象もおこっている。それは移民社会が多様化し、深化してゆくことの表現でもあった。

日本人が自営農化するにつれ、その農場で異民族労働者のストライキがおきるのも、またさけがたい。一九三六（昭和十一）年にカリフォルニア州の日本人野菜農場でおきた、メキシコ人中心のストライキはその典型である。このときカール・ヨネダはストの支援にまわっており、日本人移民の利害がもはや一様ではないことを象徴していた。

民族間の対立は戦争に際して極点に達する。アメリカ、カナダをはじめ、アジア太平洋戦争で敵国になった国では日本人・日系人の強制収容、国外追放、資産の没収・凍結などの処置がとられ、多くの移民とその子孫がそれまでに苦

▼兵役　日系二世の一部は、アメリカへの忠誠を証明するためにも積極的に軍隊に志願した。実戦部隊としてはハワイの二世からなる第一〇〇大隊、本土の志願者も加えた第四四二部隊が編成され、ヨーロッパ戦線でたたかった。対日戦では、戦時情報局、軍情報部隊のほか、通信の傍受や捕虜の尋問を行なう連合軍翻訳通訳班(ATIS)があり、多くの二世を動員した。

労してきずいた地位と財産、ときには生命をうしなった。強制収容と戦後の再定住、補償要求運動とその実現までの諸問題に関しては、移民史のなかでもとりわけ研究・記述が多い。

アメリカは西海岸の日本人・日系人を全員強制収容所に隔離するが、のちにその措置を緩和するにあたって、アメリカへの忠誠審査を行なった。出稼ぎ意識の強い一世は日本国家への帰属感をいだき、日本の勝利を信じて忠誠を拒否するものが多かった。そのため、アメリカへの帰属を選択し、兵役▲にさえ志願するような二世や自覚的な一世とのあいだに深刻な反目と対立が生まれた。

ポルトガル語を解さない移民がほとんどで、日本語新聞の禁止後はニュースから孤立したブラジル移民の世界では、この対立は社会病理現象として戦後までもちこされた。日本の敗戦を信じない「勝ち組」が、事実を知らせようとする「負け組」を殺傷したり、「勝ち組」に円を売りつける詐欺が横行したりする事態が続き、移民社会の混乱は一九五五年ごろまで尾をひいた。

東アジアから東南アジア、オセアニアにかけての移民は、日本軍が玉砕した南洋群島、ソ連軍が急進撃して日本軍が後退した満州、北朝鮮、樺太などでは

●──日系人強制収容所(カリフォルニア州トゥール・レイク)

●──故国を目前にした引揚者たち

戦火の犠牲になったものが少なくない。日本の居留民と軍人は、敗戦とともにそれぞれの戦域を管轄する連合国軍司令官の支配下におかれ、日本にひきあげるよう指令された。ひきあげの対象者は民間人、軍人それぞれ約三〇〇万人と推定され、一九四五年から四九年十二月までに六二四万人あまりのひきあげが完了した(引揚援護庁『引揚援護の記録』一九五〇年)が、待機中の日本人はホスト社会に地位を喪失した存在であり、経済的にも困窮して、事実上の難民状態にあった。また、中国(国民政府・共産政権の双方)の留用者▲、残留孤児▲、戦犯容疑者、ソ連抑留者▲、インドネシアやフィリピンの残留者▲などは帰国がおおはばに遅れるか、帰国しなかった。これら戦争をくぐりぬけた移民とその立場の激変は、民族・国家の対立の表現である国際関係を一身に体現したものといえる。

戦後の移民

占領下の日本は、連合国によって移民送出を事実上禁じられた。しかし国民経済が壊滅し、植民地をうしない、一時に大量のひきあげ者を本土に迎えたため、占領期の前半はとくに食料不足が顕在化し、国民は慢性的な飢えに苦しん

▼留用者　満州を占領したソ連、内戦の当事者である国民党や共産党の要求で、職務を行なうため、すすんで、またはやむなく中国にとどまったもの。ひきあげ待機中だけの留用者もあるが、それより長く残留して内戦や再建に協力したものが多い。

▼残留孤児　弱齢、栄養不良、孤児化などで、親とともに避難・ひきあげができない乳幼児が中国人にひきとられ、中国社会で成長したもの。一九八一年から訪日調査が始まったが、身元が判明しない孤児が少なくない。

▼ソ連抑留者　アジア太平洋戦争の最末期に満州、北朝鮮、樺太、千島に進攻して占領したソ連は、終戦後、軍人を中心に官吏や民間人も加え、約五八万人もの日本人を自国に連行して各地に抑留し苛酷な労働を課した。極寒と栄養不良から、うち六万人近くが命をおとした。

▼インドネシアやフィリピンの残留者　東南アジアでは、とくにインドネシア(旧蘭領東インド)とフィリピンに戦後多くの日本人が残留した。戦前からの在住者とその二世が、結婚や仕事などでホスト社会にとけこんだものもあるが、兵士が現地の女性に子を生ませて帰国、二世が残留孤児同様になった例もある。インドネシアでは、日本軍の下士官や兵士が軍の意向にさからってインドネシア国軍に身を投じ、対オランダ独立戦争に従軍、そのまま永住したものもかなりあった。

だ。人口・食料問題は、戦前よりむしろこの時期に現実化したということができる。一九四七(昭和二十二)年、占領軍当局の警戒をくぐって民間団体の海外移住協会が設立され、四九年には衆議院が全会一致で「人口問題に関する決議」を可決し、移民の再開をうったえた。それらを背景に、サンフランシスコ講和条約が発効して日本が独立を回復した一九五二年には、はやくもブラジルへの移民の送出が再開された。この年の移民は、日系人がブラジル政府の許可をえてよびよせたものである。

同年、外務省欧米局に移民課がおかれ(五五年移民局に昇格し、六五年中南米・移民局になる)、大規模な年次別送出計画を作成しはじめた。移民の実施機関としては、一九五四年に日本海外協会連合会、五五年に特別法による日本海外移住振興株式会社が設立されたが、六三年にはこのふたつが統合されて特殊法人の海外移住事業団になった(七四年国際協力事業団に改組)。戦後移民の場合は、民間の移民会社は介在せず、個人の自由な移民以外の大半は、これらの公的機関が送出した。また相手国と詳細な移住協定を結び、事業団自身が農地を取得し、永住自営農をめざすなど、戦前の移民にくらべて慎重な政策姿勢がめだつ。

しかし、ドミニカ移民のように「棄民」にひとしい例もなくはない。

移住先はほとんど南北アメリカ諸国にかぎられたが、ドイツ連邦共和国には例外的に少数の炭鉱移民▲が渡っている。一九九三(平成五)年までの移住者の総数は、最大のブラジルが五万三六五七人、以下パラグアイ七一七七人、カナダ五一八二人、アルゼンチン二七六〇人、ボリビア一九一九人となっている。ボリビアには、広大な土地をアメリカ軍に収用された沖縄出身の移民が多い。これに中米のドミニカの一三三〇人が続くが、ドミニカへの移民は、入植地の選定がきわめてずさんで農業ができず、完全に失敗した。そのため二〇〇〇年七月、移住者のうち一二六人が国に対して損害賠償をもとめる裁判をおこしている。

戦後移民の最盛期は、移住者数が年に六〇〇〇～八〇〇〇人台を記録した一九五六年から六一年までである。六二年には二〇〇〇人台に急減し、翌年から七二年までは一〇〇〇人台で推移、以後は数百人、八九年からは数十人に減少している(国際協力事業団『海外移住統計・昭和27年度～平成5年度』一九九四年)。高度経済成長の終焉とともに、日本の移民活動の歴史が一段落したことがわかる。

▼炭鉱移民　一九五一年の日独両政府の協定で、独身の炭鉱労働者を三年間ドイツのルールにある炭鉱に派遣することが決まった。これによって五七年から六一年までに三六六人の現役労働者が派遣された。六二年以後、石炭から石油へという日本の政策転換のなかで炭鉱離職者の受け皿と期待された。しかし高度成長期を迎えて国内の転職が可能になったため、六二年に七〇人を送るにとどまった。合計四三六人の派遣者のうち、三二人はドイツに残り、一部はドイツ人と結婚した。

●――戦後の移民再開で活躍した第二代ぶらじる丸（大阪商船）

かわって日本は、南米の日系人や、発展途上国からの「留学生」「研修生」の名目による事実上の労働者を大量に受けいれるようになった。在日朝鮮人・中国人を含めると、日本社会の「入移民」は、「出移民」とたがいに関連しつつ二十世紀の初頭から存在した。「入移民」の歴史も、近現代史の長期の視野からとらえる必要があろう。

現在、移民として海外に出る人は微々たる数に減った。とはいえ、相手国の国籍をもつ日系人以外に、永住権を認められた日本人「永住者」は一九九九年で世界に二八万人、三カ月以上の「長期滞在者」が五一万五〇〇〇人いる（外務省移住政策課『海外在留邦人数調査統計（平成十二年版）』二〇〇〇年）。後者の大半は企業、官庁などの派遣職員や留学生であるが、永住をめざす前者の予備軍も含まれる。

母国の社会をはなれ、海外に新天地をもとめる若者はいまもなくならない。日本の教育体制になじめず、外国に出る中学・高校生は著者の身辺にも少なくない。定職、出世といった人生の価値観が流動化し、「フリーター」や奉仕活動の領域がひろがる現代では、むしろ海外移住の機会はひろがり、以前のような覚悟や気おいも消えつつあるようだ。かぎられた年金を有効に生かすため、余生を外国ですごしたいという高齢者の欲求も年々高まっている。

従来の移民が多かれ少なかれ国家の政策と密接にかかわり、あるいはそれに左右されて展開されたのに対し、こうした新しいタイプの移民は、いまのところ国家の枠のそとにある。しかしそのような人々が、じつは草の根のレベルで新しい国際関係をになっているのである。

日本社会の移民現象は、単に衰退したとみるより、大きく変質しつつあるととらえるべきだろう。

●—図版所蔵・提供者一覧(敬称略，五十音順)

今村忠助『ブラジル物語』信濃毎日出版部　p. 43
上田市立博物館　p. 60
臼田町　p. 69
岡部昌幸　p. 63下
外務省外交史料館　p. 18
樺太庁編『樺太庁施政三十年史』原書房　p. 7 中
鈴木賢士　p. 35
(財)日本力行会　p. 17, p. 41, p. 77, p. 79, p. 83
南洋庁長官官房調査課編『昭和十四年度版 南洋群島現勢』南洋群島文化協会　p. 7 上
馬場淑子『ブラジルに夢をおって』講談社　p. 40
半田知雄『画文集ブラジル移民の生活』無明舎出版　p. 73
引揚援護庁長官官房総務課記録係編『引揚援護の記録』引揚援護庁　p. 89下
ビショップ博物館　p. 24, p29
船の科学館　扉
船の科学館 上野文庫　p. 93
毎日新聞社　p. 7 下, p. 51下, p89上
満史会編『満州開発四十年史』満州開発四十年史刊行会　p. 51上
南満州鉄道株式会社編『南満州鉄道株式会社第二次十年史』原書房　p. 38
著者　p. 63上

カバー表：モニュメント制作アーティスト ジェリーマツクマ，撮影 川島正子，協力者 ケンマエシロ・宮崎さおり
カバー裏：国吉康雄 “Boy Feeding Chikens”, 1923
 京都国立近代美術館所蔵

蘭信三『「満州移民」の歴史社会学』行路社(京都),1994年
高橋泰隆『昭和戦前期の農村と満州移民』吉川弘文館,1997年
阿部洋『中国の近代教育と明治日本』福村出版,1990年
王向栄,竹内実訳『清国お雇い日本人』朝日新聞社,1991年
山根幸夫『近代中国のなかの日本人』研文出版,1994年
古川義三『ダバオ開拓記』古川拓殖株式会社,1956年
片岡千賀之『南洋の日本人漁業』同文舘出版,1991年
原不二夫『忘れられた南洋移民 ―― マラヤ渡航日本人農民の軌跡』アジア経済研究所,1987年
西岡香織『シンガポールの日本人社会史』芙蓉書房,1997年
西村竹四郎『シンガポール三十五年』東水社,1941年

飯野正子『もう一つの日米関係史 ── 紛争と協調のなかの日系アメリカ人』有斐閣, 2000年
三輪公忠編『日米危機の起源と排日移民法』論創社, 1997年
戸上宗賢編『ジャパニーズ・アメリカン』ミネルヴァ書房, 1986年
田村紀雄『アメリカの日本語新聞』新潮選書, 1991年
阪田安雄『明治日米貿易事始』東京堂出版, 1996年
ハル・松方・ライシャワー, 広中和歌子訳『絹と武士』文芸春秋, 1987年
神保満『カナダ日本人移民物語』築地書館, 1986年
飯野正子他『引き裂かれた忠誠心 ── 第二次世界大戦中のカナダ人と日本人』ミネルヴァ書房, 1994年
鹿毛達雄『日系カナダ人の追放』明石書店, 1998年
佐々木敏二『日本人カナダ移民史』不二出版, 1999年
山田千香子『カナダ日系社会の文化変容』御茶の水書房, 2000年
飯野正子『日系カナダ人の歴史』東京大学出版会, 1997年

3　ラテン・アメリカ
石田甚太郎『ボリビア移民聞書』現代企画室, 1986年
国本伊代『ボリビアの「日本人村」』中央大学出版部, 1989年
A・モリモト, 今防人訳『ペルーの日本人移民』日本評論社, 1992年
赤木妙子『海外移民ネットワークの研究 ── ペルー移民の意識と生活』芙蓉書房, 1999年
今野敏彦・高橋幸春『ドミニカ移民は棄民だった』明石書店, 1993年
鈴木一郎『ブラジル社会と日本人』三修社, 1980年
前山隆『移民の日本回帰運動』日本放送出版協会, 1982年
高橋幸春『日系ブラジル移民史』三一書房, 1994年
山田廸生『船にみる日本人移民史』中公新書, 1998年
前山隆編著『ドナ・マルガリーダ・渡辺』御茶の水書房, 1996年
永田稠『国見する者』日本力行会出版部, 1942年
林寿雄・八木修平・永田久『日本とブラジルにかけた橋』日伯農村文化振興会, サンパウロ, 1986年

4　東・東南アジア
柳沢遊『日本人の植民地経験』青木書店, 1999年
満州移民史研究会編『日本帝国主義下の満州移民』龍渓書舎, 1976年

●―参考文献　本文に注記したものをのぞく

1　全般

今野敏彦・藤崎康夫編『移民史』全3巻,新泉社,1984〜86年

藤崎康夫編『写真・絵画集成　日本人移民』全4巻,日本図書センター,1997年

児玉正昭『日本移民史研究序説』渓水社,1992年

鈴木譲二『日本人出稼ぎ移民』平凡社,1992年

柳田利夫編『アメリカの日系人』同文舘出版,1995年

波形昭一編『近代アジアの日本人経済団体』同文舘出版,1997年

移民研究会編『戦争と日本人移民』東洋書林,1997年

若槻泰雄・鈴木譲二『海外移住政策史論』福村出版,1975年

矢内原忠雄『植民及植民政策』有斐閣,1926年(揚井克己ほか編『矢内原忠雄全集』第1巻,岩波書店,1963年)。

矢内原忠雄『人口問題』岩波書店,1928年(前掲全集第2巻,1963年)

柳原和子『在外日本人』晶文社,1994年

2　ハワイ・北アメリカ

島岡宏『ハワイ移民の歴史』国書刊行会,1978年

山崎俊一『ハワイ出稼人名簿始末記』日本放送出版協会,1985年

R・T・タカキ,富田・白井訳『パウ・ハナ ― ハワイ移民の社会史』刀水書房,1986年

ドウス昌代『ハワイに翔けた女』文春文庫,1989年

高木真理子『日系アメリカ人の日本観 ― 多文化社会ハワイから』淡交社,1992年

矢ヶ崎典隆『移民農業 ― カリフォルニアの日本人移民社会』古今書院,1993年

竹沢泰子『日系アメリカ人のエスニシティ ― 強制収容と補償運動による変遷』東京大学出版会,1994年

粂井輝子『外国人をめぐる社会史 ― 近代アメリカと日本人移民』雄山閣出版,1995年

島田法子『日系アメリカ人の太平洋戦争』リーベル出版,1995年

山本剛郎『都市コミュニティとエスニシティ ― 日系人コミュニティの発展と変容』ミネルヴァ書房,1997年

日本史リブレット56

海《うみ》を渡《わた》った日本人《にほんじん》

2002年３月25日　１版１刷　発行
2022年７月31日　１版６刷　発行

著者：岡部牧夫《おかべまきお》

発行者：野澤武史

発行所：株式会社 山川出版社

〒101－0047　東京都千代田区内神田１－13－13
電話　03(3293)8131(営業)
03(3293)8135(編集)
https://www.yamakawa.co.jp/
振替　00120-9-43993

印刷所：明和印刷株式会社

製本所：株式会社 ブロケード

装幀：菊地信義

Printed in Japan ISBN 978-4-634-54560-1

日本史リブレット　第Ⅰ期［68巻］・第Ⅱ期［33巻］　全101巻

1. 旧石器時代の社会と文化
2. 縄文の豊かさと限界
3. 弥生の村
4. 古墳とその時代
5. 大王と地方豪族
6. 藤原京の形成
7. 古代都市平城京の世界
8. 古代の地方官衙と社会
9. 漢字文化の成り立ちと展開
10. 平安京の暮らしと行政
11. 蝦夷の地と古代国家
12. 受領と地方社会
13. 出雲国風土記と古代遺跡
14. 東アジア世界と古代の日本
15. 地下から出土した文字
16. 古代・中世の女性と仏教
17. 古代寺院の成立と展開
18. 都市平泉の遺産
19. 中世に国家はあったか
20. 中世の家と性
21. 武家の古都、鎌倉
22. 中世の天皇観
23. 環境歴史学とはなにか
24. 武士と荘園支配
25. 中世のみちと都市
26. 戦国時代、村と町のかたち
27. 破産者たちの中世
28. 境界をまたぐ人びと
29. 石造物が語る中世職能集団
30. 中世の日記の世界
31. 板碑と石塔の祈り
32. 中世の神と仏
33. 中世社会と現代
34. 秀吉の朝鮮侵略
35. 町屋と町並み
36. 江戸幕府と朝廷
37. キリシタン禁制と民衆の宗教
38. 慶安の触書は出されたか
39. 近世村人のライフサイクル
40. 都市大坂と非人
41. 対馬からみた日朝関係
42. 琉球の王権とグスク
43. 琉球と日本・中国
44. 描かれた近世都市
45. 武家奉公人と労働社会
46. 天文方と陰陽道
47. 海の道、川の道
48. 近世の三大改革
49. 八州廻りと博徒
50. アイヌ民族の軌跡
51. 錦絵を読む
52. 草山の語る近世
53. 21世紀の「江戸」
54. 近代歌謡の軌跡
55. 日本近代漫画の誕生
56. 海を渡った日本人
57. 近代日本とアイヌ社会
58. スポーツと政治
59. 近代化の旗手、鉄道
60. 情報化と国家・企業
61. 民衆宗教と国家神道
62. 日本社会保険の成立
63. 歴史としての環境問題
64. 近代日本の海外学術調査
65. 戦争と知識人
66. 現代日本と沖縄
67. 新安保体制下の日米関係
68. 戦後補償から考える日本とアジア
69. 遺跡からみた古代の駅家
70. 古代の日本と加耶
71. 飛鳥の宮と寺
72. 古代東国の石碑
73. 律令制とはなにか
74. 正倉院宝物の世界
75. 日宋貿易と「硫黄の道」
76. 荘園絵図が語る古代・中世
77. 対馬と海峡の中世史
78. 中世の書物と学問
79. 史料としての猫絵
80. 寺社と芸能の中世
81. 一揆の世界と法
82. 戦国時代の天皇
83. 日本史のなかの戦国時代
84. 兵と農の分離
85. 江戸時代のお触れ
86. 江戸時代の神社
87. 大名屋敷と江戸遺跡
88. 近世商人と市場
89. 近世鉱山をささえた人びと
90. 「資源繁殖の時代」と日本の漁業
91. 江戸の浄瑠璃文化
92. 江戸時代の老いと看取り
93. 近世の淀川治水
94. 日本民俗学の開拓者たち
95. 軍用地と都市・民衆
96. 感染症の近代史
97. 陵墓と文化財の近代
98. 徳富蘇峰と大日本言論報国会
99. 労働力動員と強制連行
100. 科学技術政策
101. 占領・復興期の日米関係